小懒财富自由之路

从基金开始

小懒 编著

SPM 南方传媒 | 广东人民出版社

· 广州 ·

图书在版编目（CIP）数据

小懒财富自由之路：从基金开始 / 小懒编著 . —广州：广东人民出版社，2020.11
（2025.2 重印）

ISBN 978-7-218-14538-9

Ⅰ．①小… Ⅱ．①小… Ⅲ．①基金—投资—青年读物 Ⅳ．① F830.59-49

中国版本图书馆 CIP 数据核字（2020）第 204122 号

Xiaolan Caifu Ziyou Zhi Lu：Cong Jijin Kaishi

小 懒 财 富 自 由 之 路：从 基 金 开 始

小懒　编著

出 版 人：肖风华

责任编辑：钱飞遥
执行编辑：吴瑶瑶
责任技编：吴彦斌

出版发行：广东人民出版社
网　　址：http://www.gdpph.com
地　　址：广州市越秀区大沙头四马路 10 号（邮政编码：510199）
电　　话：（020）85716809（总编室）
传　　真：（020）83289585
天猫网店：广东人民出版社旗舰店
网　　址：https://gdrmcbs.tmall.com
印　　刷：广东鹏腾宇文化创新有限公司
开　　本：889 毫米 ×1260 毫米　　　1/32
印　　张：6.5　　　字　　数：150 千
版　　次：2020 年 11 月第 1 版
印　　次：2025 年 2 月第 8 次印刷
定　　价：39.80 元

如发现印装质量问题，影响阅读，请与出版社（020-87712513）联系调换。
售书热线：020-87717307

前言

读一本书时，我一般是跳过前言，直接看正文内容的。如果我读完了正文内容，觉得这本书有意思，才会回头看看前言来了解这本书的创作背景。我觉得，大多数人也是这样子。

所以，如果你回头读了这篇前言，我是很高兴的（欢喜 .gif），这可能说明了本书对你是有一些帮助的。

我是幸运的，遇到了 2015 年的牛市，目睹了 2016 年美国大选"黑天鹅"对外汇市场的冲击，也见证了 P2P 的兴衰。我在股票、外汇、基金市场获得的那些小成就鼓舞着我，也证实着自己选择的路是对的。

随后，本着学习、分（虚）享（荣）的态度，我在网络平台上发表了自己的理财笔记，收到了一些好评，着实让我受宠若惊。"出色"的我引起了出版社小姐姐的注意，就有了这本基金理财入门书。

理财，都是从存钱开始的。基金定投是我目前最喜爱的理财方式，它不仅可以帮助我们强制性地存钱，还可以帮我们实现财富的增长。基金的优势体现在"专家理财"，自己不必过于操心，而且基金的流动性强、投资方便（这得益于互联网的发展）。所以，相比于债券、股票、外汇等，基金是非常理想的懒人理财工具，很适合理财小白和年轻白领。

虽说投资基金是懒人理财，但若想要稳定的收益，还要有"选鸡""养鸡"的技巧。本书就像是我的"养鸡（基）笔记"，我将以轻松、简约、有趣的图文形式，记录自己的基金投资技巧和理念，希望可以带你少走弯路、轻轻松松学理财。如果你是小白，本书会带你迅速而深刻地认识基金，轻松入门；如果你是有经验的基金投资者，我也希望你能从中有所启发，完善自己的投资模式。

这本书不会让你一夜暴富，但如果有幸的话，我希望它能为你指明一条理财的路，助你踏上财富自由之路。加油呀！

小懒
2020.07

目录 Contents

第九章 混合型基金好像比股票基金更赚钱

第十章 鸡蛋分开存放

第十一章 制订一份定投计划

第十二章　财务自由

第十三章　一些其他基金

第十四章　我常收到的这些问题

第一章 基金，太简单了呀

什么是基金

买基金是很简单的，不要把它想得太复杂。

简单地说，我们买基金就是把钱集中交给专业机构，让他们帮我们进行投资赚钱。这些专业机构就是基金公司，当然啦，他们会收取一定的管理费。

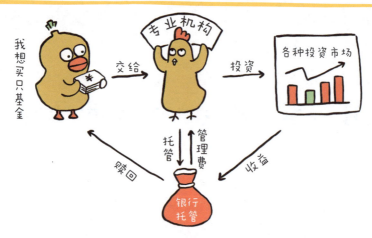

日常生活中，我们所说的基金一般是指公募基金。公募基金投资门槛不高，特别是在余额宝出现之后，基金的投资门槛就更低了，1元就可以买基金。你把钱放在余额宝，其实就是在买基金，余额宝的收益就是你买这只基金的收益。

我们先不谈私募基金，私募基金是有资金门槛的。

基金的分类

　　基金品种丰富多样，风险也各有不同。按照不同的投资对象，基金可简单地分为4类：

货币基金

我是货基，我喜欢存钱到银行。

债券基金

我是债基，我喜欢借钱给别人。

股票基金

我是股基，我喜欢高收益，喜欢炒股。

混合型基金

我是混合基，有收益的我都搞一搞。

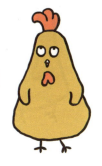

货币基金

> 货币基金简称货基（火鸡），它大部分的钱都是要存进银行的，而且被规定不能投资于股票市场。所以货币基金的主要收入是银行的利息。

靠银行利息赚钱？那我也可以存银行啊，为什么要买货币基金呢？

货币基金存钱到银行，收到的利息是比你存钱的利息要高的，因为货币基金资产规模大，可以和银行谈判利率（特别是"钱荒"的时候）。

现在可是"钱荒"，你们银行没有多少钱了吧。我有100亿元的资金，可以存入你们银行，但是我要高一点的利息。

可以呀，欢迎！

银行是怎么赚钱的

银行的主要业务是放贷，银行贷款给人们，赚取利息。当银行没有钱可以贷出去（"钱荒"）时，银行的收入就会下降，所以银行很喜欢人们存款进来，以便把钱贷出去。

债券基金

债券基金是指 80% 以上的钱要投资于债券的基金。它的主要收益来源于债券的利息和买卖债券的差价。债券基金的特点就是收益稳定、风险较低。

什么是债券

政府、金融机构、企业等有时候需要花钱却没有钱，这时就可以向我们社会大众借钱，并承诺将连本带息地还给我们。我们借钱给他们了，他们会给我们欠条（欠条上写明了借款利息和还款时间），这张欠条就是债券啦。所以债券的本质就是一张欠条，国家发行的债券叫国债，金融机构发行的债券叫金融债，企业发行的债券就叫企业债。

借我点钱开发业务，我给你
欠条，到时连本带息还给你。

好呀，如果我急着用钱，而欠条
又没到期，我就把这张欠条转卖
给别人，你到时再连本带息还给
那个人就好了，吼哈哈哈~

这张欠条就是企业债券，债券上面标明了债券面值
（本金）、票面利率（利息）、偿还日期和发行人名称（债
务人）。

股票基金

　　顾名思义，股票基金就是投资股票的基金啦，而且要把80%以上的钱投资于股票。这类基金收益高、风险大。

　　我们常说的指数基金，也是股票基金的一种，股票指数涨，指数基金就涨。

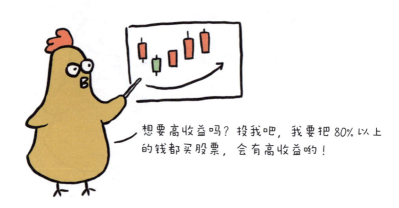

想要高收益吗？投我吧，我要把80%以上的钱都买股票，会有高收益哟！

收益伴随着风险，收益高，风险就高。我要先看看股市，熊市的话我可不敢买股票基金呀！

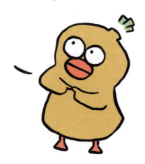

股票基金收益 ＞ 债券基金收益 ＞ 货币基金收益

第N届"基金&通胀"长跑大赛

为什么我要扮演通货膨胀？

股票基金的收益比债券基金、货币基金的要高，而且从长期来看，股票基金能很好地跑赢通货膨胀，而货币基金跑不赢通货膨胀。

混合型基金

　　混合型基金也比较容易理解，它就是投资于股票、债券、货币等市场的一种投资组合比较丰富的基金。

　　它的投资策略有保守、有激进，回报和风险比股票基金低一点，又比债券基金高一点。对我来说，这是一种风险适中的理财产品。

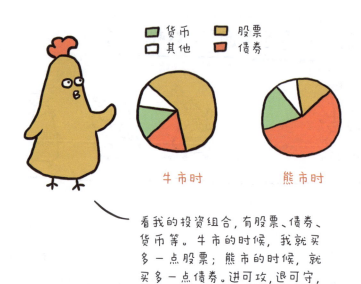

　　看我的投资组合，有股票、债券、货币等。牛市的时候，我就买多一点股票；熊市的时候，就买多一点债券。进可攻，退可守，是不是很帅呀？

　　混合型基金主要投资于股票和债券。根据股票和债券的投资比例，混合型基金可以细分为偏股混合型基金、偏债混合型基金、平衡混合型基金、灵活配置混合型基金。

偏股混合型基金

偏债混合型基金

平衡混合型基金

灵活配置混合型基金

股票所占比例越大，风险越大哦！

其他分类方式

除了按照不同的投资对象把基金分为上文所说的 4 类（货币基金、债券基金、股票基金、混合型基金）外，比较常见的分类还有以下几种：

按照募资方式分类

按照不同的募资方式，基金可以分为公募基金和私募基金。

公募基金，顾名思义，就是向社会公开募集资金的基金，其投资门槛低，非常适合大众投资者。

10 元就能投，很适合你哦。

公募基金

私募基金，则是以非公开的方式，向特定投资者募资的基金，其要求投资者具备相应的风险识别能力和风险承担能力。私募基金投资门槛较高，至少要投 100 万元呢。

你拿不出 100 万元，我们不合适。

私募基金

按照运作方式分类

按照不同的运作方式，基金还可分为开放式基金和封闭式基金。

开放式基金就是"开放"的基金，随时可以买、随时可以卖，资金流动性高。我们现在买的基金几乎都是开放式基金。

我很开放，你们想什么时候买、什么时候卖都可以，这虽然增加了我的投资难度，降低了资金利用效率，但也提高了我的人气，哟吼吼~

封闭式基金就是不允许你随便买卖的基金，它在成立之后就封闭起来了，不允许你申购、赎回。

我这基金规模固定，不用担心突然有很多人赎回（卖出），打乱我原来的投资节奏，也不用担心突然有很多人申购（买进），导致我手上的钱突然多了，一时间不知道该用这多出来的钱投资什么。

第二章 基金定投怎么开始

基金定投是什么

基金定投就是**分批、定时地买基金**。比如在每月的发薪日，拿出 500 元来买基金。

又发工资了，用 500 元来买基金，坚持定投。

每个月都要买，感觉很麻烦呢。

一点都不麻烦的，设置好之后，银行会自动扣款，根本不用自己动手，只要保证扣款当天你的卡里有足够的钱就可以了。

为什么要定投呢

对投资时机要求不高

　　一次性买进，是很难判断高点和低点的，容易错失投资机会。而定投是选择一个固定的时间来分批投资，可以分散风险，不用太考虑市场波动，省心省力。

　　定投还可以帮你强制储蓄、累积资产，这不"香"吗？

我有 2 万元，想都用来买基金，但是我无法判断往后的走势，该不该在这时买？2 万元买进之后会不会下跌？

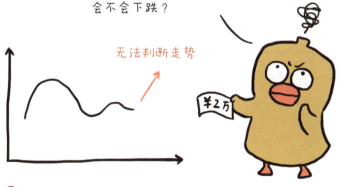

无法判断走势

¥2万

那就定投呀，每月买 2000 元，这样不用考虑投资时机，最重要的是收益很高！

平摊成本，提高收益

> 每月定投 500 元，当基金净值下跌的时候，价格便宜，这时 500 元就可以买到更多的基金份额，从而平摊成本、提高收益。

假如，我要投 2500 元买一只基金，现有两种方式买进：

A 方式：一次性买进 2500 元。

B 方式：每个月买进 500 元，分为 5 次买进。

遇到行情波动的时候，比如这样：

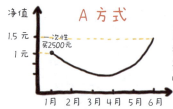

总投资：2500 元
投资份额：2500 份
期末总市值：2500x1.5=3750（元）
收益率：（3750-2500）/ 2500 = 50%

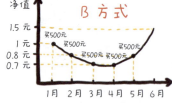

总投资：2500 元
投资份额：500+625+714.3+714.3+625=3178.6（份）
期末总市值：3178.6x1.5=4767.9（元）
收益率：（4767.9-2500）/ 2500 = 90.7%

你会发现，A 方式的收益率是 50%，而 B 方式的收益率高达 90.7%。

微笑曲线

上文的举例中，基金净值先跌后涨，走势曲线像一个微笑，因此该走势曲线被称为微笑曲线。

开始定投　　坐等收益

静待反转

微笑！

市场有波动，净值有跌有涨，就会形成微笑曲线，但也有可能在一段时间内一直上涨。我们来比较一下以下 3 种曲线的定投收益：

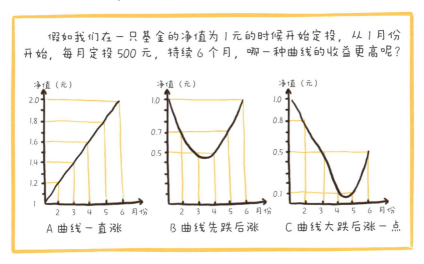

假如我们在一只基金的净值为 1 元的时候开始定投，从 1 月份开始，每月定投 500 元，持续 6 个月，哪一种曲线的收益更高呢？

A 曲线一直涨　　B 曲线先跌后涨　　C 曲线大跌后涨一点

我也很惊讶呀！

这 3 种曲线，大多数人认为 A 曲线或者 B 曲线的收益应该更高，但实际上最高的是 C 曲线！

项目＼曲线	A 曲线	B 曲线	C 曲线
总投资额（元）	3000	3000	3000
期末净值（元）	2	1	0.5
投资总份额	2114.1	4428.6	13125
期末总市值（元）	4228.2	4428.6	6562.5
持有期收益率	40.9%	47.6%	118.8%

（注：不考虑手续费）

收益对比：C ＞ B ＞ A

总投资额：总共花了多少钱买基金。
期末净值：基金最后的价格（开始时的价格是 1 元）。
投资总份额：总共买了多少份基金。
　　　　　每期的份额 = 每期的投资金额 / 当时的净值
期末总市值：手上所有的基金最后值多少钱。
持有期收益率：这 6 个月的收益率。
　　　　　收益率 = 收益 / 成本
　　　　　　　 =（期末总市值 - 总投资额）/ 总投资额

　　所以，定投基金时不要抗拒 C 曲线，跌的时候不要慌，这恰恰是展现定投魅力的时候！

什么基金适合定投

通过比较A、B、C 3种曲线，
你可能已经发现了，波动
大的基金更适合定投。

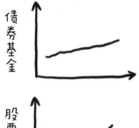

债券基金主要投资债券，其波动小，
收益稳定，不适合定投。

股票基金波动大，定投股票基金收
益更明显。

混合型基金会有一部分资金投资于
股票市场，特别是偏股混合型基金，
其波动也大，也是适合定投的。

> 定投的秘诀是趁低价获得更多的份额，所以定投波
> 动大的基金有更多的机会获得低成本筹码。

支付宝里的智能定投

在穿越微笑曲线的时候，如果在低点买多一点，在高点买少一点，这样岂不更好？

　　上文谈到的是普通的定投，定时定额分批买入。如果根据市场行情，涨则少买，跌则多买，这种定时不定额买进的方法就是智能定投。比起普通定投，智能定投更能平摊成本。

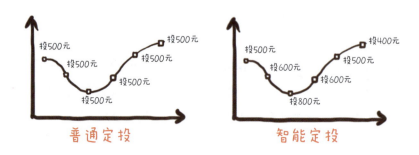

普通定投　　　　　　　　　　　智能定投

普通定投	无视市场涨跌，定期定额。	低位高位都投一样多的钱。
智能定投	设置参考标准，调整金额。	低位投钱多，高位投钱少。

目前市场上的智能定投策略有均线策略和估值策略等。我们以支付宝的智能定投为例（支付宝也可以买基金，很方便），分别从这两种策略的角度来了解智能定投。

均线策略

要使用均线策略，就要先选择一个作为参考的均线。比如选择沪深 300 指数的 500 日均线作为参考均线，当这个沪深 300 指数的收盘价高于 500 日均线，就少买，反之，则多买。

简单地说，当前一天的收盘价高于均线时，就少买，反之，则多买。

这里选择的参考指数是沪深 300，参考均线是沪深 300 指数的 500 日均线。参考指数和参考均线都是可以自己更换的。

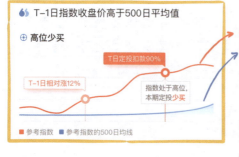

沪深 300 指数的走势
500 日均线

假设定投日为 T，"T-1 日"就是指定投日的前一天。当前一天的指数收盘价高于均线时，就投少一点钱，如原本计划投 500 元，现在只投 450 元（90%）。

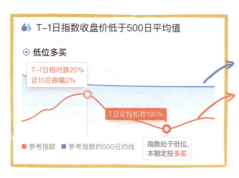

500 日均线

沪深 300 指数的走势

当定投日前一天的指数收盘价低于均线时，就投多一点钱，如原本计划投 500 元，现在则投 950 元（190%）。

当行情持续上涨时，指数持续高于均线，买入的金额少，总投资的金额少，收益率虽然高，但是盈利的金额是比普通定投少的。这是均线策略的劣势。

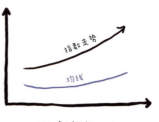

行情持续上涨，
指数高于均线。

估值策略

估值策略是指根据指数的估值来确定是否买进该基金。指数处于低估时就买进，高估时就不买，正常估值也不买。

估值策略可以简单地理解为价格判断，价格太高（高估）时就先不买，等价格低的时候再"捡便宜"。

它是用什么算法，以及怎么样去估值的呢？

指数的估值方法留待下一章再简单说明，在这里只要了解估值策略的原则就可以了。

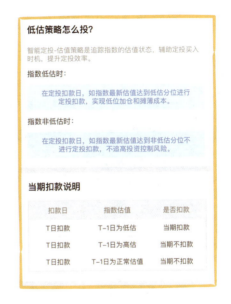

低估策略怎么投？

智能定投-估值策略是追踪指数的估值状态，辅助定投买入时机，提升定投效率。

指数低估时：

在定投扣款日，如指数最新估值达到低估分位进行定投扣款，实现低位加仓和摊薄成本。

指数非低估时：

在定投扣款日，如指数最新估值达到非低估分位不进行定投扣款，不追高投资控制风险。

当期扣款说明

扣款日	指数估值	是否扣款
T日扣款	T-1日为低估	当期扣款
T日扣款	T-1日为高估	当期不扣款
T日扣款	T-1日为正常估值	当期不扣款

当行情持续上涨时，指数处于非低估状态，不买入基金，这往往会错过一波好行情。这是估值策略的劣势。

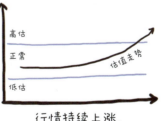

行情持续上涨，
指数处于非低估状态。

番外：怎样在支付宝买基金

很简单吧，你已经了解了基金，也了解了基金定投，可以来看看怎么买基金了。

支付宝是手机必备软件，除了用来支付，还可以理财，我也在支付宝买基金。

第1步：
打开支付宝的理财页面，点击"基金"。

第2步：
进入基金页面，点击"基金排行"。

第3步：
进入基金排行的详情页面。

我们先在基金排行榜里随便选择一只基金。冷静！这不是叫你买这只基金，只是给你示范买基金的步骤而已！

在这里，可以看到这只基金的详细信息：

1. 基金的名称；
2. 基金的代码；
3. 该基金当天的涨跌幅；
4. 单位净值，就是基金的单价；
5. 基金的类型和风险提示；
6. 基金评级（有些基金没有）；
7. 基金近3年的业绩走势；
8. 实时估算该基金的净值；
9. 基金成立以来的业绩；
10. 基金净值的变化；
11. 产品档案，可以看基金的概况、持仓、投资行业等；
12. 交易规则，可以看交易流程和手续费。

了解完详情后，点击下方的"买入"，就可以买进这只基金了。有些基金最低买入金额为100元，有些10元就可以买。

点击下方的"定投"就是定投这只基金，设置定投金额、付款方式、定投周期，就可以开始定投这只基金了。

理财也很方便呀！

再说一次，冷静呀，先不着急买，看完下一章内容再好好选择吧。

第三章　我的基金选择技巧

我想买基金，但这么多只基金，
怎么选？一头雾水……

选基金，我会考虑以下几点：

1. 基金的手续费用；

2. 股市行情；

3. 基金评级和风险评估；

4. 基金业绩和基金经理；

5. 基金规模和基金公司。

基金的手续费用

不要只顾着看预期回报，还要看他们要收多少管理费！

交易一只基金要交纳的费用如下：

> 申购费 1.5%(优惠的时候低至 0.15%，以下就按照 0.15% 来算)。
>
> 赎回费 0.5% (30 天后赎回)。
>
> 管理费 1.5% 一年，按日收费 (也有一些基金是收 1%)。
>
> 托管费 0.25% 一年，按日收费 (托管费是给银行的)。

一年要交 2.4% 的手续费。 *#%@#

我就是靠手续费赚钱的呢……

一年的费用加起来就是：

申购费 0.15%+ 赎回费 0.5%+ 管理费 1.5%+ 托管费 0.25%=2.4%

2.4% 的收费其实是挺高的，如果你买的基金实际投资收益是 10%，那落入你口袋的就只有 10%-2.4%=7.6%。

A类基金和C类基金

上文说的是 A 类基金，还有一种 C 类基金。C 类基金是没有申购费的，持有满 30 天后还免赎回费，但是一年要收取 0.5% 的服务费（服务费也是按日收费的）。

A 类 ←
C 类 ←

基金的命名规则是：
基金公司 + 投资方向 + 基金类别 + 收费类型。
基金名称后面带字母 A 的是 A 类基金，带字母 C 的是 C 类基金。

A类基金和C类基金没有什么差别，只是收费不同而已，可以简单地理解为同一个商品卖不同的价格。

A 类和 C 类，哪个收费低呢

A 类和 C 类的差别在于：

A 类有 0.15% 的申购费和 0.5% 的赎回费（30 天后赎回）。

C 类有 0.5% 的服务费。

手续费可以在（支付宝）交易规则那里查看。

那 A 类和 C 类，哪个收费低呢？以上文的富国新收益灵活配置混合 A 和富国新收益灵活配置混合 C 为例，分别算一算手续费：

假如都买入 1000 元，持有 30 天以上。

费用＼类别	A 类	C 类
申购费	0.15%	0
托管费	一年 0.25%	一年 0.25%
管理费	一年 1%	一年 1%
赎回费	0.5%（满 180 天时赎回费为 0）	0
服务费	0	一年 0.5%
持有 60 天的费用	8.5	2.87
持有 90 天的费用	9.5	4.3
持有 150 天的费用	11.6	7.2
持有 180 天的费用	7.66（此时赎回费为 0）	8.63
持有 200 天的费用	8.3	9.59

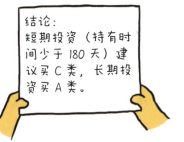

结论：
短期投资（持有时间少于 180 天）建议买 C 类，长期投资买 A 类。

股市行情

　　了解手续费用，可以帮我减少一点点开支，短期买 C 类，长期买 A 类。但是为了收益再冲高一点，我还会观察一下股票市场，看看此时是熊市还是牛市。

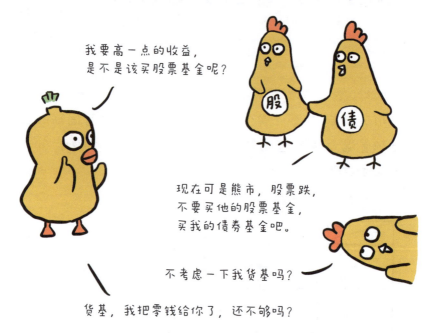

我要高一点的收益，是不是该买股票基金呢？

现在可是熊市，股票跌，不要买他的股票基金，买我的债券基金吧。

不考虑一下我货基吗？

货基，我把零钱给你了，还不够吗？

　　股市不好的时候（熊市），股价下跌，买股票基金就亏钱（至少收益不会高），这个时候买债券基金比较合适。股市好转的时候（牛市），股票基金收益可观。

牛市什么时候来

想要准确预测牛市的来临是不太可能的，但是可以总结一下规律。

根据 A 股的历史数据，大概平均每 5 年就有一次牛市。上一次牛市是在 2015 年，根据历史规律，下一次的牛市就快来了，现在可能就是下一轮牛市的酝酿期。

> 股票基金的收益波动较大，就算有闲钱，也建议分批定投哟，穿越微笑曲线，摊低成本，从而获得更高收益。
>
> 而债券基金的收益稳定，如果有闲钱的话，我会一次性买进债券基金。

什么是指数基金

> 先看看什么是指数：
>
> 股票指数简称指数。现在我国国内股票市场有超过 3500 只股票。为了直观地反映整个股票市场的走势，一些金融服务机构就选出了一部分具有代表性的股票，通过某种方式计算出这些代表性股票的综合价格数据。这个数据就是指数。

比如"沪深 300 指数"，就是选了 300 只具有代表性的股票算出来的，这个指数反映了我国国内（沪深）股票市场的整体走势。

股票指数还有很多，我们常听到的还有"上证指数""深证指数""创业板指"等，平时我们说的"大盘"就是指上证指数。

| 沪深 300 |
| 上证 50 |
| 中证 500 |
| 创业板指 |
| 上证指数 |

"大盘"这个词，在不同的场合也会有不同的含义。比如"大盘 3000 点"是指上证指数 3000 点；"跑赢大盘"是指超过股市的整体水平，通常是以沪深 300 指数为比较基准。"大盘股"是指市值规模大的股票，"中小盘股"是指市值规模小的股票。

指数基金，就是投资于该指数成分股的基金。比如，沪深 300 指数基金就是投资这 300 只股票的基金，沪深 300 指数上涨，这只基金就涨。

指数基金就是一种特殊的股票基金。

身边没有人谈论股票的时候，就开始定投指数基金

身边没有人谈论股票的时候，一般意味着股市冷淡，处于熊市，此时的股票指数也是低迷的。这个时候偷偷开始定投指数基金，并长期持有，是个明智的选择。

这就像股神巴菲特说的那样，别人恐惧时我贪婪！

股市低迷

股市低迷的时候开始定投指数基金，其实是在抄底。这种抄底和你买股票抄底又有一点点不同，你不会知道一只股票的"底"在哪里，而指数的"底"则相对明显，且从长期来看，指数是稳定上涨的。

因为是长期持有，所以要记得买 A 类基金，更省钱！

基金评级和风险评估

　　根据手续费来决定买 A 类还是 C 类，根据股市行情来决定购买什么类型的基金（股票基金或者债券基金，又或者混合型基金），但是要判断一只基金是否值得考虑，我们还需要借助第三方工具——基金评级。

什么是基金评级

　　基金评级是由基金评级机构收集某一基金的有关信息（基金类别、投资风险、投资收益等），通过科学分析而得出的对该基金的评价。

　　基金评级机构有很多，我常用的是"晨星"。

　　晨星的官网：http://cn.morningstar.com

怎么看基金评级

看基金评级的时候，观察几个指标：

1. 这只基金的等级（有几颗星）；
2. 这只基金能不能跑赢大盘；
3. 这只基金能不能完成其既定收益目标；
4. 风险评估。

① 五星级（等级分为一星至五星，五星是最高级）

② 对比红线走势和绿线走势，看能不能跑赢大盘（这里能跑赢大盘）

③ 今年能完成目标、去年没完成目标

基准指数是这只基金定下来的 KPI 目标，对比总回报和基准指数，看能不能完成目标

④ 标准差：反映基金的波动性，标准差越大波动性就越大

夏普比率：代表收益和风险的比值

(图片截自晨星网)

标准差和夏普比率代表着什么

标准差，读书时在数学课上学过的，反映的是波动幅度。

> 基金的标准差，是指在过去的一段时间内，基金的收益率相对于预期收益率的偏差幅度，简单地说就是基金回报率的波动幅度。标准差数值越大，表明这只基金的收益率波动越大。比如某基金一年期的标准差为14%，表明这只基金在未来一年里，可能会上涨14%，但也有可能会下跌14%。

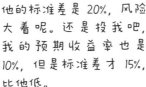

投我吧，预期收益率有10%哟~

他的标准差是20%，风险大着呢。还是投我吧，我的预期收益率也是10%，但是标准差才15%，比他低。

标准差反映了收益率的波动幅度，一般被用来衡量投资风险。在预期收益率相同的情况下，标准差大，表示收益率波动幅度大、不稳定，所以风险也大；标准差小，表示收益率波动幅度小、较为稳定，所以风险也小。

夏普比率 ＝（预期收益率 － 无风险收益率）/ 标准差

这个无风险收益率指的是不存在违约风险的收益率，比如国债的收益率、货币基金的收益率。

可以把夏普比率简单地理解为投资收益和投资风险的一个比值，表示每承担一个风险可以拿到的超额收益。夏普比率越高则表明该基金性价比越高。

你们的预期收益率虽然高达 10%，但是夏普比率低。我的预期收益率虽然才 8%，但是夏普比率是 1，比你们好多了。

不管是标准差还是夏普比率，反映的都是基金的历史业绩表现，并不能完全预测未来，这些信息只是对我们挑选基金有一定参考价值而已。

β系数和α系数又是什么

贝塔系数（β系数）可以衡量一只基金相对于整体市场（业绩评价基准）的波动情况。β系数越高，说明基金相对于整体市场（业绩评价基准）的波动越大。

> 比如：
>
> 当β系数为 1 时，整体市场上涨 10%，该基金也会上涨 10%，市场下跌 10% 的话，该基金也下跌 10%。
>
> 当β系数为 1.2 时，整体市场上涨 10%，该基金会上涨 12%，市场下跌 10% 时，该基金则下跌 12%。
>
> 当β系数为 0.8 时，整体市场上涨 10%，该基金才上涨 8%，市场下跌 10% 时，该基金只下跌 8%。

看出来了吧，β系数就是一个敏感系数，β系数越高就越敏感。

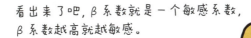

你的β系数高，容易激动。

> β<1 时，表示该基金的系统风险小于整体水平，受经济大环境的影响较轻。
>
> β=1 时，表示该基金的系统风险等于整体水平，整体市场下跌多少，该基金就下跌多少。
>
> β>1 时，表示该基金的系统风险高于整体水平，对整体经济变化较为敏感。

标准差衡量的是自身的波动，β系数衡量的是相对于整体市场的波动，是个相对值。

所以这个β系数的值很大程度上受到该基金与业绩评价基准的相关程度的影响，如果把一只基金与相关性低的业绩评价基准进行比较、计算，得出来的β系数是没有意义的。

阿尔法系数（α系数） 是基金的超额收益和期望收益之间的差额。α系数越高，代表该基金的盈利能力越强。β系数反映的是基金的系统风险，α系数反映的则是基金经理的能力。

α系数＝实际收益率－无风险收益率－β系数×市场收益率

这是超额收益　　　　　这是期望收益

例如，某基金相对于沪深300指数的β系数为1.2，沪深300指数上涨了20%，该基金上涨了30%，无风险收益率为3%，则：

该基金的α系数＝（30%-3%）-1.2×（20%-3%）=6.6%

这6.6%，就是基金经理靠自身能力创造出来的额外收益。

阿尔法收益，是我们基金经理永远的追求！

支付宝里的基金评级

在支付宝里，有些基金提供了简单的基金评级和风险评估，很方便！

在支付宝也可以看到我们的五星战绩哟！

→ 晨星评级

打开支付宝，点"理财—基金—基金排行"，在排行榜里随便点开一只基金，就可以看到它的基金评级了。

基金业绩和基金经理

我想买基金，是不是优先考虑
业绩排行榜的前 3 名呢？

就不选业绩最好的基金

　　你之所以心心念念着这些业绩排行榜靠前的基金，大概是觉得基金应该像小说中的武林一样，有个武力排行榜，位居榜首的人肯定是最厉害的。

　　冷静！不是这样的，不要盲目相信这个基金排行榜！

有些基金入榜是因为出现了巨额赎回

　　巨额赎回就是出现巨量的基金赎回，简单地说就是有人大量地卖出自己手上的基金。

赎回基金的时候是要交赎回费的，当有人巨额赎回的时候，就要交很多赎回费，这些费用有一部分是要"充公"到基金财产的，所以这只基金就额外赚到了这笔手续费，进而导致收益率突然间暴涨。

我手上持有你们基金总份额的 10%，我现在要赎回。

可以呀，但是你持有不到一年，赎回费要 0.5%，这笔赎回费的一半会计入基金财产。

近一年收益率 263.99%，排行第一。

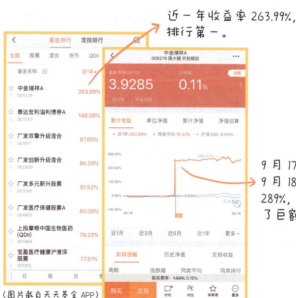

9月17日收益才10%，9月18日突然飙升至289%，这是因为出现了巨额赎回。

（图片截自天天基金 APP）

48

基金排行榜的流动性高

　　基金业绩排行榜的流动性高，今年入榜的基金，明年一般是排不上榜的。

2018 年股票基金排行榜　　　　　　　　　　　（图片截自晨星网）

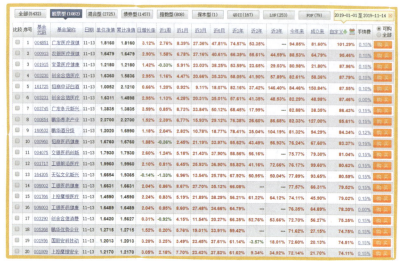

2019 年股票基金排行榜 　　　　　　　　　　　　　　　（图片截自晨星网）

对比一下 2018 年和 2019 年的股票基金排行榜，可以看到 2018 年上榜的基金，在 2019 年一只都上不了榜，真的是"铁打的营盘流水的兵"啊～

选择未来收益高的基金

我们选择基金，是要选择未来收益高的基金，并不是选择历史收益高的，所以排行榜的参考价值是有限的。

哪些是未来收益高的基金呢？

我也不知道，没有人能知道，我只能按照自己的分析来挑选一些自己觉得OK的基金。

并不是说排行榜上的基金就不好，而是我们要多考虑一些其他因素：

1. 看看基金评级和风险评估；

2. 看看历史业绩，看能不能跑赢大盘；

3. 看看基金经理的管理能力。

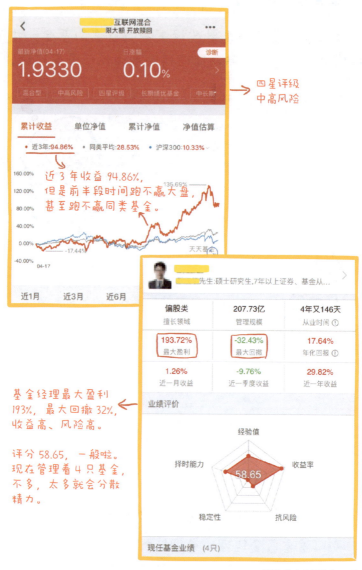

近3年收益94.86%，
但是前半段时间跑不赢大盘，
甚至跑不赢同类基金。

基金经理最大盈利
193%，最大回撤32%，
收益高、风险高。

评分58.65，一般啦。
现在管理着4只基金，
不多，太多就会分散
精力。

四星评级
中高风险

（图片截自天天基金 APP）

52

频繁地更换基金经理，不是好事

尽管历史业绩不能代表未来业绩，但是，历史业绩良好的基金总比历史业绩差的基金有着更高的可信赖度。如果一只基金更换了基金经理，那么就算历史业绩再好，也要警惕。

你这只基金的历史业绩不错哟，你真厉害！

呵，我是新来的，这业绩不是我的。

那我再考虑一下~

基金经理跳槽也是常见的事，不必太在意。但如果过于频繁，往往说明该基金公司的管理出现了问题，要加倍小心。

选基金，更要选基金经理

> 买基金，就是把钱交给基金经理帮你打理，基金经理的经验和能力会直接影响到你的收益。
>
> 资历虽然不是挑选基金经理的绝对标准，但是，只经历过牛市的基金经理更容易忽略熊市的影响力，而只经历过熊市的基金经理可能会因为过于保守而错失入场牛市的好时机。

经历过多个牛市和熊市的基金经理，年资较长，和上市公司的高管接触也较多，更能接触到内幕消息。

我走过的牛市和熊市，比你吃过的盐还多啦！

5元/份

30年经验

牛杂

考察基金经理的要点

① 长期绩效的稳定性。业绩好，更有说服力。

② 基金管理的专注度。基金经理同时管理着太多基金的话，会分散精力。

③ 基金管理的协作性。有的基金是由多个基金经理共同打理的，相比于单经理制，更有利于维持基金的稳定性。

基金规模和基金公司

不是要规模大，而是要合适

一只基金总共有多少钱，就是这只 基金的规模。

如果基金规模太小，那运营这只基金所赚到的手续费就少，基金公司可能会亏本，就可能会停掉这只基金——基金清盘。

基金清盘并不是说我们投资者会血本无归。清盘之前，基金公司会预留时间给我们赎回，真正到了清盘的时候，基金公司会按照一个净值强制帮我们赎回，把钱还给我们。

> 所以选基金的时候，也要考虑一下基金规模。规模太小，相对容易清盘，而且要预留一部分钱给投资者赎回，资金流动性不足，出现好的投资方向时，可能会没有足够的钱去投资。

> 规模太大也不好，尤其是股票持仓多的中小盘基金，资产规模太大就显得不灵活。如果这只基金的规模超过80亿元，那基金经理就很难打理，资金多了，投资中小盘股票会很难。

钱多就是麻烦，只花了一半的钱买股票，就导致股票上涨了，剩下的钱要怎么投资呢？

买进股票

货币基金、债券基金，规模越大越好。
指数基金是完全跟踪指数的被动型基金，其规模越大越好。
主动型基金的最优规模有多种说法，一般是20亿~100亿元。

鸭讲坛

指数基金因为不需要基金经理主动操作，所以叫被动型基金。那些需要基金经理主动操作的基金称为主动型基金。

选择知名的基金公司

基金公司，就是一个品牌，平时我们买冰箱、买空调都会挑牌子，买基金也应当挑选知名品牌。知名的基金公司有完善的管理制度、优秀的投研团队、良好的信誉和服务，这些优势值得我们考虑。

并不是一定要你选择知名公司名下的基金！而是，在其他条件相近的情况下，尽量优先选择有品牌、有信誉的基金公司。

如天弘基金、易方达基金、南方基金、华夏基金、招商基金、嘉实基金、中银基金、广发基金、博时基金、工银瑞信基金、华安基金、汇添富基金、国泰基金、富国基金等（排序不分先后）。

第四章　就喜欢指数基金

从巴菲特的10年赌约说起

我为什么喜欢指数基金？

这要从巴菲特的 10 年赌约说起。

2007 年底，股神巴菲特认为指数基金能够跑赢其他大多数基金，于是发起了一个 10 年（2008 年 1 月 1 日至 2017 年 12 月 31 日）的赌约，赌注 50 万美元。和他对赌的是一家对冲基金公司，这里简称为 P 吧，P 精心挑选了 5 只基金来和巴菲特的标普 500 指数基金 PK。P 成立了专门的投资团队来打理这 5 只基金，誓要打赢巴菲特。

2017 年底，赌约结束。结局是 P 认输了，因为标普 500 指数已经大幅跑赢了这 5 只基金。

标普 500 指数在这 10 年里获得了 125.8% 的收益，而 P 的 5 只基金中，最好的成绩是 87.7% 的累计收益，最差的只有 2.8%。

为什么选指数基金

为什么？因为巴菲特赢了呀！

指数基金只需要跟踪、复制指数的涨跌，保持最小的跟踪误差，不做积极管理，所以称为被动型基金。

其他普通基金，则需要基金经理通过研究、分析来组合投资，以争取超额收益，所以称为主动型基金。

与主动型基金相比：

时间越长，指数基金的优势越明显；

市场涨幅越大，指数基金越有优势；

市场波动越大，指数基金越有优势。

因为市场波动较大时，基金经理会偏于谨慎、保守，所以收益不及指数基金。

1. 指数基金是被动型基金，对基金经理依赖小，基金经理有变动也不会影响这只基金的运行方向。

2. 指数基金的管理费相对低一点。

3. 长期看来，指数基金是稳定上涨的。

股票基金、混合型基金的管理费一年在 1.5% 左右，指数基金的则在 0.8% 左右。

指数有哪些

指数也分类，主要分两种：行业指数和宽基指数。

> **行业指数**：顾名思义，只是代表一个行业的走势，所以也叫窄基指数。
>
> 如消费行业指数、白酒行业指数、医药行业指数、金融行业指数都是行业指数。
>
> **宽基指数**：比较宽泛，成分股覆盖面较广，一般包含多个行业。
>
> 我们熟知的上证指数、沪深 300 指数、中证 500 指数、创业板指数都是宽基指数。

相比宽基指数，行业指数波动大、收益高，更容易受到政策、意外事故的影响。

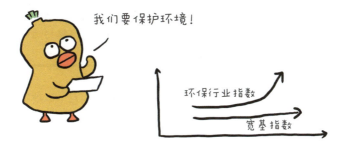

我们要保护环境！

环保行业指数

宽基指数

我们常见的指数

宽基指数	上证 50	在上海证券市场挑选出 50 只规模大、流动性好的股票作为样本股，是中国大蓝筹的代表。
	沪深 300	在沪、深两市挑选出 300 只蓝筹股作为样本，反映整个 A 股市场的整体走势。
	中证 500	在 A 股的所有股票里，扣除沪深 300 的成分股后，选出总市值排名靠前的 500 只股票作为样本，其反映了我国 A 股市场中一批中小市值公司的整体状况。
	创业板指数	从创业板股票中选取 100 只规模大、流动性好的股票作为样本股，其反映的是创业板市场的运行情况。
	恒生指数	从香港股市中选取有代表性的蓝筹股作为样本，是对香港股市走势最有影响的指数。
	标普 500	由纽约证券和纳斯达克两大交易所中 500 多只美国公司股票组成的样本股，反映美国股市整体走势。股神巴菲特的 10 年赌约赌的就是标普 500 指数基金。
行业指数		反映具体行业的走势。常见的行业指数有中证银行指数、中证军工指数、中证白酒指数等。

选哪一个指数来定投

代表性的宽基指数有上证 50、沪深 300、中证 500。

我比较喜欢沪深 300 和中证 500，这是我的指数基金 CP 组合。

都有份儿！

沪深300

中证500

沪深 300 选出来的是蓝筹股，规模大、交易活跃。

中证 500 指数选出来的股票市值小、波动大，但成长性高，在牛市时往往有更高的收益。

中证 500 曲线特征

高波动
高风险
高收益

上证 50 曲线特征

低波动
低风险
低收益

沪深 300 曲线特征

中波动
中风险
中收益

行业指数怎么选

　　行业指数基金的风险稍高，有点难搞，除了要了解估值，还要考虑行业的特性和发展周期。

　　所以，投资行业指数基金，最好是选择自己熟悉的行业。

　　三百六十行，行行都不熟悉，怎么办呀？感觉错过了好多钱~

　　不要慌，在众多的行业里，有两个行业有着天然优势，值得考虑。

　　这两个行业就是消费行业和医药行业。它们的特点是涉及"刚需"，不管经济如何发展，我们都离不开吃饭、看病。关键是这两个行业发展增速快，有钱赚。

什么时候买入指数基金

在指数的"盈利收益率"大于10%的时候，开始定投买入。简单地说就是在指数的低估值区域开始定投买入。

什么是"盈利收益率"

市盈率＝公司市值／公司盈利

盈利收益率＝公司盈利／公司市值

所以盈利收益率就是市盈率的倒数：

盈利收益率＝1／市盈率

这是沪深300的市盈率10.68，可以算出盈利收益率为1÷10.68=9.36%，差不多达到10%了。

市盈率可以理解为：为了赚到 1 元钱，你需要投入多少钱。

例如市盈率是 5 的话，你要投入 5 元钱就能赚到 1 元钱的利润。但如果市盈率是 50 的话，你要投 50 元钱才能赚到 1 元钱，投钱多、赚得少，不是好买卖。所以市盈率低，才值得投资。

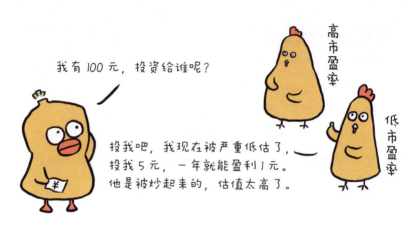

我有 100 元，投资给谁呢？

高市盈率

低市盈率

投我吧，我现在被严重低估了，投我 5 元，一年就能盈利 1 元。他是被炒起来的，估值太高了。

而盈利收益率，是由市盈率演变而来的，是市盈率的倒数（1/ 市盈率）。可以将它理解为这家公司每年的收益率，收益率越高，越值得投资。

因为盈利收益率 = 公司盈利 / 公司市值，公司市值越小（就是低估值）的时候，盈利收益率越大。所以说，在低估值的时候，适合投资。

指数基金的估值

公司有估值，指数基金
也有估值吗？

　　当然有，指数是由一篮子股票算出来的，用这一篮子股票的数据算出一个平均值，就可以得出该指数的估值指标了。比如，求出沪深 300 指数的 300 只成分股的总市值和总盈利，总市值除以总盈利就是沪深 300 指数的市盈率了。市盈率高，指数的估值就高，该指数基金的估值也就高了。

指数基金的估值可以算，其他
股票基金的估值怎么算呢？

算不了，因为其他股票基金的
持仓不固定，股票换来换去，
所以无法算出估值。
只有指数基金才有估值！

什么时候卖出指数基金

当我们找到了比手里这只指数基金 风险更低、收益 更高 的产品时，就可以卖出这只基金了。

比如债券基金，它的风险更低一些。当债券基金的收益高于该指数基金的时候，就该卖出这只指数基金，买入债券基金了。

国内债券基金的长期平均收益率大概是 6.4%，所以当指数基金的盈利收益率低于 6.4% 时，就可以暂停定投，开始卖出了。

我要卖出你这只指数基金。

为什么呀，这基金不是正在盈利吗？

这指数估值太高了，盈利收益率比不上债券基金了，不如去买债券基金，又安全。

指数基金定投策略

> 当盈利收益率＞10%，开始定投；
>
> 当 6.4%＜盈利收益率≤10%，不买不卖；
>
> 当盈利收益率≤6.4%，开始卖出。

这个就是盈利收益率估值策略。估值策略有多种，原理都是在低估值时买入，在高估值时卖出。

巴菲特的老师——格雷厄姆

上文的投资策略，其实是巴菲特的老师——本杰明·格雷厄姆提出来的，也叫作价值投资策略。

这个策略可以具体理解为：选择低市盈率、高盈利收益率、高股息的指数基金或股票进行投资。

支付宝的指数红绿灯

支付宝很方便，可以在"理财—基金—指数红绿灯"查看指数相应的估值，绿灯就是低估值，可以开始定投，红灯就是高估值，要卖出。

指数红绿灯为绿色时，其盈利收益率基本也是大于10%的，这和价值投资策略的原理是一致的。

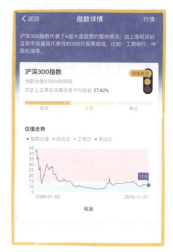

下面有很多指数，小白选手可以优先考虑宽基指数，如沪深300。

打开沪深300指数，就可以看到该指数的估值区域了，图中所示是低估值。该指数下面有很多沪深300指数基金，可以选择一只评级好的基金，开始你的定投之路。加油！

指数增强

指数基金的任务是跟踪、复制指数的走势，而且它还设定了跟踪偏离度。比如日跟踪偏离度为 0.5% 以内，年跟踪偏离度为 4% 以内。偏离度越低，跟踪误差越小。

指数基金设定的偏离度可以在基金档案那里查看。

除了一般的指数基金，还有一种主动增强型的指数基金，它的名字一般都是"xx指数增强"。标准型指数基金的任务仅仅是牢牢跟紧指数，而增强型指数基金在跟踪指数的基础上，允许基金经理根据股市行情做一些主动操作，以提高投资回报。所以增强型指数基金对指数的跟踪偏离度比较大。

我也跟着指数走，但是我也有自己的想法。

这好像挺好的呀，我也看到很多增强型指数基金的收益比标准型的高。

跑赢指数不是一件容易的事，这得依赖基金经理的选股、择时能力，而且我们定投指数基金就是因为不喜欢人为干预，所以我更倾向于标准型指数基金。

如果想要更高收益，可以再投一份股票基金。

指数基金定投是"持久战"

- 指数基金定投，要坚持！要以年为单位，长期定投。
- 这不是一种短期投资方式！不要做波段操作，省着点手续费。除非你是高手。
- 不要预测市场，不要盲目加仓，只用闲钱投资就好。
- 不要想着一夜暴富，没有的事！

要像巴菲特说的那样，让时间成为投资的朋友。

我知道你想问"长期"具体是多长。长期投资只是一种策略，我无法给出这种战术性的答案。看行情吧，一般是 3~6 年，最好是一个牛熊周期。

第五章　一步一步分析一只基金

怎么看一只基金的风险？

怎么分析一只基金？

推荐的基金可以买吗？

怎么看能不能跑赢大盘？

这只基金怎么样？

......

关于基金定投的实践，我常常收到类似上面的问题。如果看上了一只基金，我的分析思路是这样的：

第1步 看看这是只什么基金；

第2步 了解一下基本信息；

第3步 看看要交多少手续费；

第4步 看历史业绩和基金经理；

第5步 看基金评级和风险评估；

第6步 大概了解一下股市。

第1步：看看这是只什么基金

首先，要知道这是只什么类型的基金，是指数基金还是股票基金，或者是混合型基金。

一般从基金的名字就可以分辨出基金类型，比如"xx沪深300指数"，这是一只宽基指数基金；"xx中证白酒指数分级"，这是一只行业指数基金；"xx小盘成长混合（LOF）"，这是一只混合型基金。

第2步：了解一下基本信息

以这个 "xx 小盘成长混合（LOF）" 为例，一步步地分析。

基金公司：广发
成立时间：2005-02-02
资产规模：46.41 亿元
行业：制造业和 IT 行业
持仓：90.22% 股票、8.42%
存款、1.36% 其他

广发也是知名
的基金公司

基金名字叫作"xx 小盘成长混合"，是混合型基金，此时可能是看好行情，投资的股票比例很大，以后股市行情不好的时候，基金经理可能会减少股票的持仓比例。

这是一只小盘基金，投资的股票应该都是小盘股票，成长性高、波动大。资产规模在 46 亿元左右，适中。规模太大的话，交易小盘股票就有难度。如果资金规模不断变大，在迫不得已的情况下，基金经理就要去买大盘股票了。

第3步：看看要交多少手续费

在"交易规则"这里看。

申购费打一折0.15%，管理费每年1.5%，

托管费每年0.25%，赎回费0.5%。

因为是长期定投，
买A类基金就好。

第4步：看历史业绩和基金经理

历史业绩

看看近 3 年的历史业绩，对比一下该基金和同类基金以及沪深 300 指数的走势。3 年来，该基金盈利 136.64%，好厉害的样子。

大多数情况下，该基金的业绩都比沪深 300 好，说明基金能跑赢大盘，而且也比同类基金的业绩好。

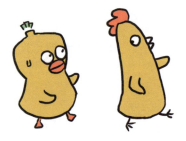

基金经理

　　基金经理是 2017 年 6 月 19 日上任的，这些业绩差不多都和他相关。现在他名下管理着 9 只基金，不算多，管理太多基金的话，可能会忙不过来。

　　这 9 只基金的收益都挺乐观的，其中 2 只是最近成立的，而该基金是成立时间最久的。

　　稍微观察一下，可以看到这几只基金的股票持仓比例大，投资风格也差不多。而且重仓持股有重叠部分，也就是有好几只基金都是重仓买进了相同的股票。新基金配置了老基金的重仓股，这往往会使得老基金有所受益。

你也重仓买了这几只股票啊，那就太好了，这会推动股价上涨！

第5步：看基金评级和风险评估

中高风险
五星评级

不同评级机构的评级可能会
不同，支付宝这里的晨星评
级是五星，天天基金里的评
级是四星。

天天基金里可以看到更多的数
据，如夏普比率、波动率、最
大回撤等，还有基金经理变更
提醒。

夏普比率 = 0.49，夏普比率表
示每承担一份风险，预期会有
多少的超额收益。0.49 代表着
每增加 1 份风险，就有 0.49 份
额外收益。这个数，也挺漂亮
的了。

最大回撤 = -11.71%，也就是说，
这只基金跌得最多的一次是跌
11.71%，我自己可以接受。

收益回撤比 = -10.09，就是用
最高收益除以最大回撤，绝对
值越大越好，这个数值很漂亮。

小盘成长混合(LOF) 特色数据	
行情数据	
近1年夏普比率	0.49
近1年波动率	3.30%
近1年最大回撤	-11.71%
近1年收益回撤比	-10.09
用户数据	
近1月定投人数	2.17万
近1月访问量	130.94万
加自选总人数	21.53万
用户平均持有时长	120.47天
盈利概率	
近1月	62.19%
近3月	70.50%

也可以顺便去晨星网看看更多数据。
综上所述，这只基金的评级符合我的要求。

第6步：大概了解一下股市

　　这是一只偏股混合型基金，股票持仓比例大，所以可以了解一下股市的长期趋势。

　　股市走向有两种趋势：上升趋势和下降趋势。我们可以查看沪深300指数，标记出各个波段的高点，连成趋势线。趋势线向上，可以简单判断为上升趋势，向下则是下降趋势。上升趋势，赚钱更快；下降趋势，需要"潜伏"。

> 　　虽然我们无法准确判断股市走向（就算是专家也不一定能做到），但是没关系，我们可以长期定投，等一个微笑曲线。

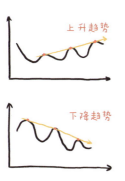

　　这种简单的技术分析方法，只关心市场本身的变化，并不考虑经济、政策等各种外部因素的影响，如果有突发状况，比如疫情，可能会突然扭转趋势。

　　进行以上几个简单步骤基本可以帮助我选基了。

　　如果还要深度分析的话，可以分析一下基金的择时能力、选股能力、行业配置、投资风格等。但是对我而言，以上的步骤足够了。

第六章
基金定投赚得少，可能是因为你不会止盈

买基金需要止盈吗

人们常说，基金定投是懒人理财，只需要选好基金，定时定额分批买进，坐等收益就可以了。

但是这并不意味着你只是一味地投钱，而对自己的收益不闻不问。

什么是止盈？

简单地说，止盈就是在达到盈利目标的时候卖出基金，让收益落袋为安。相对地，还有个词叫止损，止损就是在发生亏损后，为了防止更大的亏损而卖出基金。

为什么需要止盈？
当然是为了实现收益的最大化呀！

止盈为什么能提高收益

止盈就是卖出、赎回前期买进的基金，让目前的收益落袋为安。

为什么止盈能提高收益呢？

假如你在 2018 年 6 月底制订了一个中证 500 指数基金的定投计划，在 2018 年 7 月 1 日开始定投，每月 1 日投 1000 元，一直持有，这期间不止盈、不卖出。那么直到 2020 年 1 月 14 日，你的收益共有 2551.17 元，收益率为 13.43%。

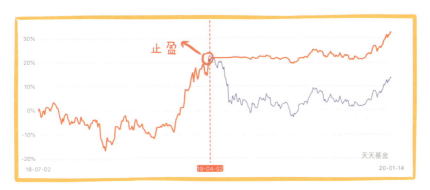

但是，如果你在 2019 年 4 月 2 日收益率达到 20% 时止盈、卖出（此时已盈利 1984 元），然后继续定投，那么直到 2020 年 1 月 14 日，你的收益共有 2906.1 元。

而且，2019 年 4 月赎回来的钱还可以用来投资其他基金。

什么时候该考虑止盈呢

如果你刚开始定投，投了 3 次，共 1500 元，收益率达到了 20%，收益率好高呀，止盈，然后获利 300 元。

或者，你已经定投了 10 次，共 5000 元，收益率才 10%，但是可以获利 500 元。

所以，定投前期不需要止盈，因为投入的钱不多，即使收益率高，总收益也有限。

那什么时候该考虑止盈呢？

我一般会在定投扣款 10 次以后才开始考虑止盈。

也有人说应该在扣款 30 次、50 次以上才考虑止盈，可我就是不听呀，任性！

止盈的方法

常见的止盈方法有4种。

指数估值法：针对指数基金，根据指数估值来止盈，低估值买、高估值卖。支付宝的指数红绿灯也是很好的止盈信号工具。

指数估值法比较靠谱，坚持下来也会有很高的收益。但是这需要我们有足够的耐心来等待高估值。

就算等不到高估值，坚持下来，
长期定投也会有很不错的收益呀。

技术指标法：

技术指标法就是通过分析股市的各种技术指标来判断卖出时机，可以理解为根据历史数据来判断股市的走向。该方法有一定的滞后性，对投资者的要求较高，所以我不常用。

不常用，是因为我没有
把握，太难了～

目标收益法： 达到收益目标后就止盈，这个我常用，比较适合波动大的基金。

遇上大牛市时，止盈后，行情可能还是会长期上涨，这可能会错过一部分收益。

而且每个人入场的时间不同，我达到收益目标了，你可能还在亏损。

市场情绪法： 大家都谈论股票的时候，股票可能就要跌了，这时候可能就要卖出股票基金了。这个就是情绪法。

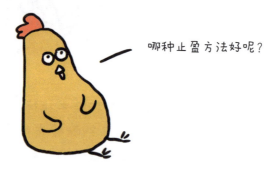

哪种止盈方法好呢？

行情不同，止盈效果也不同，我不知道哪种止盈方法好。买指数基金我一般参考指数红绿灯，其他股票基金、混合型基金就用目标收益法。

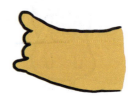

目标收益率定为多少呢

> 目标低，容易实现，但是收益有限。
>
> 目标高，难以实现，就失去了止盈的意义。
>
> 若银行理财产品年收益率为 5%，考虑通货膨胀，基金的年收益目标应该要大于 8%。

我一般设定收益目标为 15%~20%。

15% 的年收益是一个不低的目标，就算在牛市，也不是每只基金都能达到的。所以还需要根据所买的基金分别设定收益目标。

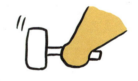

比如沪深 300 指数基金收益目标为 10%，中证 500 指数基金收益目标为 15%，其他股票基金收益目标为 20%。

达到目标后怎么卖

　　到现在为止，我也没有用统一的方式卖出，有时候我会全部卖出，有时候是分批卖出。

　　对应目标收益法，我一般会全部卖出；对应指数估值法，我可能会分批卖出。

　　分批卖，是因为后续可能还是上涨，不想错过。

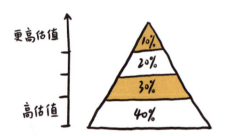

> 　　不要奢望在最高点的时候全部卖出，这几乎做不到。所以分批卖出还是比较好的。
>
> 　　指数基金进入高估值后，分批卖出。先卖出一部分，如果估值持续上涨的话，再卖出更多的份额。

止盈后，还要继续定投吗

你听说过复利效应吗？

> 把止盈后赚到的钱分为多份，再加上原来的定投金额，作为新的定投金额（就是加大了定投金额），继续坚持定投，达到收益目标后，再止盈，再定投。

比如原来定投的金额是 500 元，定投 9 个月，收益目标达到 20%，止盈卖出后本金和盈利共有 5400 元。那把 5400 元分为 30 份，每份就是 180 元，加上原来的定投金额 500 元就是 680 元。从现在开始，可以每月定投 680 元。

止盈后，我还需要定投吗？

只要不是高估值，还是建议定投哦，可以增加定投金额。
当然，你也可以保持原来的定投方式，还是定投 500 元。把上次赚到的钱用于定投其他基金。

自动止盈

我知道要止盈，但是我心态不好，怕错过止盈时机呢。

那可以尝试一下自动止盈，达到止盈目标后，强制帮你止盈。

　　支付宝的目标投就是一个可以帮你自动止盈的工具，设置好收益率目标后，开始定投，达到目标后就自动止盈，让收益落袋为安。

目前，支付宝的目标投只提供了几只基金（都是指数型基金）给我们选择。从中选择一只基金，就可以开通目标投了。

如果我想要定投其他的基金，
如股票基金，没有自动止盈
怎么办呀？

想定投其他基金，又想要自动止盈，可以试试天天基金的智慧定投。智慧定投里有目标止盈定投和移动止盈定投两种方式。

目标止盈定投，和支付宝的目标投一样，达到收益率目标后，自动止盈。

移动止盈定投，则是在达到设定的收益率目标时，如果还继续上涨，那就继续持有（不止盈、不卖出），如果出现回撤（下跌），那就止盈卖出。

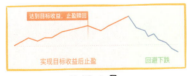

目标止盈

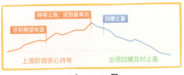

移动止盈

目标止盈比较适合波动行情，如股票基金和小盘指数基金。

移动止盈则适合单边上涨行情，定投大盘指数的话，可以考虑移动止盈。

第七章　回头看看货币基金

货币基金不仅仅是喜欢存钱

货币基金除了存钱到银行收利息，也会投资短期债券、央行票据等低风险产品。

当我是"二货"，只会存钱吗？虽然我不能炒股，但是我也有债券！

货币基金风险低、流动性高，虽然收益低，但是总比银行存款好。

货币基金每天赚到的钱，都会以红利再投资的方式转化为基金份额，你拥有多少基金份额就拥有多少资产。所以货币基金的净值一般都是1元。

零钱理财神器 —— 余额宝

我国第一只货币基金诞生于 2003 年，但是由于当时互联网不发达，基金开户手续烦琐，极为不便，所以货币基金没有流行起来。

Hello, 有人吗？

10 年后的 2013 年，支付宝和天弘基金联手推出了余额宝，这才把货币基金推到了备受关注的舞台上。

包装后的我，门槛低了，1 元就能投，而且更加便捷，这使我成为了零钱理财神器，吼哈哈哈~

你可以随便花余额宝的钱，那是他们先垫给你的。

余额宝的本质是货币基金，货币基金的赎回一般是要到第二个工作日才能完成的，你之所以能快速转出余额宝的钱，是因为他们先垫钱给你了。

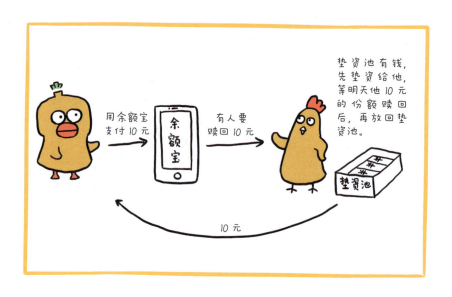

货币基金不保本

说好了，我虽然看起来是无风险的，
但是我可不保本给你！

货币基金虽然很安全，但这并不意味着没有风险。

还记得巨额赎回吗？如果货币基金遇上了大量的巨额赎回，又没有足够的现金储备，那可能就要不计成本地卖债券来凑钱，进而出现短期亏损。

赎回、赎回！

对不起，超额了，
请明天再来吧！

为了减少亏损，遇上巨额赎回时，我可能会取消它或者将它延时，尽管这会影响我的口碑。

7日年化收益率

买货基的话，我应该
怎么买呢？

货币基金有两个收益率指标：7日年化收益率和万份
收益。

> 7日年化收益率是根据最近7天的收益情况而算出
> 来的未来一年的收益率。
> 把最近7天的总收益率除以7，
> 得出每天的平均收益率，然后乘以
> 365天，就可以得到7日年化收益
> 率了。

7 日年化收益率 = 7 日总收益率 / 7 x 365

比如，某货币基金在最近 7 天里，每天有 0.01%（万分之一）的收益，那这 7 天的总收益率就是 0.07%，因此 7 日年化收益率 = 0.07% / 7 x 365 = 3.65%。

3.65% 的意思是，按照目前的收益情况，你投资该货币基金，一年可能就有 3.65% 的收益。

是可能有 3.65% 的收益，并非一定有 3.65% 的收益，因为这个数据只是根据过去 7 天的收益情况推算出来的。

万份收益

万份收益是指投资 1 万元买货币基金，一天能够获得的收益，这个收益每天都不同哦。

比如，某货币基金的万份收益是 1，那买 1 万元一天就能赚到 1 元，买 1000 元一天就能赚到 0.1 元。

万份收益体现的是每天的收益变化，在月底、年底银行缺钱的时候，万份收益的波动较大。

7 日年化收益率则是考虑了短期的波动因素，稍微客观一点。

小心，别被它骗了

我挑了一个 7 日年化收益率高的货基……

哦，要小心哟。说不定过几天，这个 7 日年化收益率就下滑了。

货币基金的收益主要受市场利率的影响，但是也会受到其他因素的影响。

比如，某货币基金卖掉了一些债券，赚到了一些钱，这会让当天的收益突然大增。或者，该基金持有的银行大额存单到期兑现了，也会让当天的收益大增。最终结果是最近 7 日年化收益率突然上升，但是过几天就下滑了。

大额存单又是什么？

大额存单就是门槛高一点的大额度的银行定期存款，利息比普通存款高。大额存单还可以转让、提前支取。

看我 7 日年化收益率，排名第一！

一些正在做推广的货币基金，它们的 7 日年化收益率都不会低，因为这是刻意做的。

货币基金怎么选

既然 7 日年化收益率会"骗"人，那怎么办？

都是货币基金，收益差别其实不大。
我更喜欢规模大的、流动性好的。

　　选择规模大的基金。越大越好，100 亿元以上吧，余额宝现在是 1 万亿元左右。规模越大的基金越有能力拿到银行的高利息。

　　选择万份收益稳定的基金。万份收益不稳定，可能是基金的债券、票据的投资比例不怎么均衡。

　　选择流动性好的基金。赎回 2 小时到账，1 元就能投，这种服务就不赖。

第八章　债券基金是怎么赚钱的

债券是个什么东西

　　政府、金融机构、企业等有时候需要花钱却没有钱，这时就可以向我们社会大众借钱，并承诺将连本带息地还给我们。我们借钱给他们了，他们会给我们欠条，这张欠条就是债券了。欠条上还会标明还款时间和还款利息。

　　所以，债券的本质就是一张欠条。

　　国家发行的债券叫国债，金融机构发行的债券叫金融债，企业发行的债券叫企业债。

借我一点钱开发业务，我给你欠条，
并按时连本带息还给你。

这张欠条就是企业债券，债券上标明了
债券面值（本金）、偿还日期、票面利
率（借款的利息）、发行人名称（债务
人的名字）。
如果债务人违约、不想还钱，那你就亏
大了，这就是债券的风险，叫信用风险。

债券基金的分类

> 债券基金是主要投资于债券的基金，而且 80% 以上的资金要投资于债券，也可以用一小部分资金投资股票、可转债以及打新股（指用资金参与新股申购）等。
>
> 债券基金收益稳定、风险较低。

债券基金主要分为 4 类：

我是 纯债基金，我只在债券市场混，不打新股，也不买股票，我的风险最小。

我是 一级债券基金，除了投资债券，我也参与打新股来赚点额外收入。但是现在国家不允许我打新股了，所以我和纯债基金也没有什么区别了。

我是 ==二级债券基金==，除了投资债券，我还会投资股票，当然我的风险会高一点点。

我是 ~~三级债券基金~~，啊不，我是 ==可转债基金==，我主要投资于可转换债券。股市好的时候，我就把可转债换成股票，享受股市上涨带来的收益。股市不好的时候，我就一直等到债券到期，等债主还本付息，也有钱赚。

可转债又是什么？

可转债是上市公司发行的一种债券。买了该债券之后，你可以持有至到期、等待还本付息，也可以在期限内把这债券转换为该公司的股票。

债券基金是怎么赚钱的

债券基金主要靠以下 3 个方面赚钱：

收利息

　　债券本质上就是欠条，我借钱给别人，就要收利息。这个利息就是我的收入之一。

赚差价

　　债券也是一种证券，也会有价格波动。根据债券的价格变动，低买高卖，就可以赚差价。比如某 10 年期国债，以面值 100 元发售，每年付息 5%，我买的时候价格是 100 元，现在涨到 120 元了，这个时候卖了这张债券就可以赚到 20 元差价。

投资股票

　　二级债券基金可以投资一点股票，可以在股市上赚点钱。

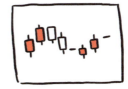

115

债券的价格是怎么波动的

我买了某 10 年期国债，其以面值 100 元发售，每年付息 5%，买的时候价格是 100 元，为什么现在跌到了 90 元？债券的价格为什么会跌呢？

首先，看看这债券，债券上写着欠你 100 元，每年还 5% 的利息，10 年到期后还你本金 100 元。

现在这只债券价格跌到了 90 元，并不是说 10 年到期后只还你 90 元本金，不是的。到期后还是会还你 100 元。只是，现在你只需要 90 元就可以买到这只面值 100 元的债券了（每年还有 5% 的利息）。

债券的价格为什么会跌呢？

那是因为银行利率上涨了，如果银行的存款收益比债券收益还高，那人们就会贱卖债券，把钱存到银行，以赚取高一点的收益。

来看个例子就明白了：

比如，你买的某 10 年期国债，其以面值 100 元发售，每年付息 5%，还有 3 年到期。买的时候银行利率是 3%，现在银行利率上升到了 8%。

哇，银行利率升到 8% 了，债券才 5%，我要卖掉债券，把钱存到银行，呼啦啦~

我为什么要买你手上的债券啊，我不如把钱直接存银行。

我降价卖给你，开个价呗！

如果现在把 100 元存到银行，每年的收益是：

$100 \times 8\% = 8$（元）

但是债券的风险高于银行存款，所以债券的收益要高于银行存款收益才合理，对吧？所以债券的收益要大于 8%。我们先设债券的卖出价格为 Y，则：

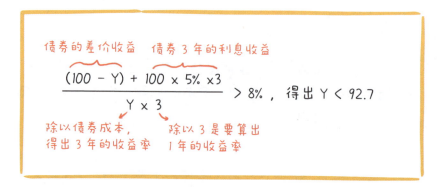

所以，现在债券的价格要小于 92.7 元，才能卖得出去。

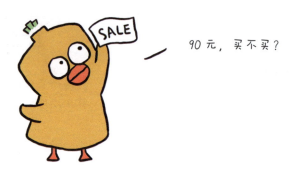

以上就是债券价格波动的原理了。债券价格受银行利率影响，银行利率上升，债券价格就下跌，银行利率下跌，债券价格就上升。

顺便了解一下"久期"

假如，甲、乙两人想跟你借 100 元，而你只有 100 元。

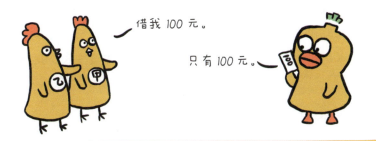

借我 100 元。

只有 100 元。

甲：借我吧，给你 12 元利息，一年后连本带息还你 112 元。

乙：我也可以给你 12 元利息，只要半年就可以还给你了。

这种情况下，自然是借给乙了，同样的利息（收益），借给乙的话，半年就能回款，借给甲则要一年才能回款。

换一种情况：

甲：借我吧，给你 12 元利息，一年后连本带息还你 112 元。

乙：借我吧，我每月还你 1 元利息，一年后再还本金 100 元，一年下来共还你 112 元。

这种情况下，最后收到的利息都是 12 元，也都是借一年，好像并没有太大的区别。可是，你细想之后，肯定也是借给乙的。

再换一种情况：

> 甲：借给我吧，我每个季度还你 3 元利息，一年后再还回本金 100 元，一年下来共还你 112 元。
>
> 乙：借给我吧，半年后先给你 7 元利息，一年后再还回本金 100 元和另外 5 元利息，一年下来也是共还 112 元。

这下你就难抉择了吧！遇事不要慌，先拿出笔来，算一算整体的还款时间。

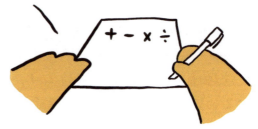

甲的平均还款时间：

$$\frac{3}{112} \times 3 个月 + \frac{3}{112} \times 6 个月 + \frac{3}{112} \times 9 个月 + \frac{103}{112} \times 12 个月 \approx 11.5 \ 个月$$

乙的平均还款时间：

$$\frac{7}{112} \times 6 个月 + \frac{105}{112} \times 12 个月 \approx 11.6 \ 个月$$

借给甲，需要约 11.5 个月才能回款；借给乙，需要约 11.6 个月才能回款。

所以，这时应该借给甲。如果不考虑钱的时间价值，甲的 11.5 个月的回款时间，就是 "久期" 了。

久期是债券专用名词，是资金回款的加权平均时长，可以理解为收回全部本金和利息的平均时间。

如果要考虑钱的时间价值，就要算上存款利率的影响，久期的计算公式就会相对复杂一点，我们没必要去深究，弄懂久期的意义就可以了。

久期越长的债券，就越害怕银行加息

假如有 2 年期的 A 债券，以面值 100 元发售，每年付息 5%。再有 5 年期的 B 债券，也是以面值 100 元发售，每年付息 5%。

如果你买这两只债券，而此时银行利率上升为 8%，利率上升了，两只债券的价格应声下跌。

设 A 债券的价格跌为 W，则：

$$\frac{(100 - W) + 100 \times 5\% \times 2}{W \times 2} > 8\%，得出 W < 94.8$$

设 B 债券的价格跌为 Y，则：

$$\frac{(100 - Y) + 100 \times 5\% \times 5}{Y \times 5} > 8\%，得出 Y < 89.3$$

A 债券久期短，价格跌到 94.8 元以下。
B 债券久期长，价格要跌到 89.3 元以下。
看出来了吧，久期越长，就越害怕银行加息！

也了解一下国债收益率

国债也是一种债券，是国家以政府信用作为担保的债券，所以可以把国债理解为 <mark>无风险资产</mark>。

国债收益率就是你买了国债并持有至到期的<mark>年平均收益率</mark>。

一般在没有更好的投资方式时，如经济萧条时，人们才会大量购买国债，这时国债的价格就会上涨，国债收益率就会下降。相反，在经济增长阶段，国债收益率会上升。

国债作为有着良好流动性的无风险资产，其收益率反映着国家经济的诸多信息。其中，10年期国债收益率是预测经济走势的良好指标。

你可以简单地理解为：

<mark>国债收益率下降 = 对未来经济预期不高</mark>

<mark>国债收益率上升 = 对未来经济预期乐观</mark>

国债价格上涨=国债收益率下降

上文提到了，经济不好的时候，人们会倾向于买国债，买的人多了，国债的价格自然会上涨。

国债价格上涨，收益率怎么就下降了呢？

公式

来看看公式就知道了：

$$国债（到期）收益率 = \frac{债券面值 \times 债券年利率 \times 剩余到期年限 + 债券面值 - 债券买入价}{债券买入价 \times 剩余到期年限} \times 100\%$$

看吧，债券收益率和债券价格呈负相关。

例如，某 10 年期国债，面值 100 元，每年付息 5%，还有 10 年到期。由于遇上了经济萧条，大家都想买国债，国债价格也随之上升到了 102 元，那么此时该国债的收益率为：

$$\frac{100 \times 5\% \times 10 + 100 - 102}{102 \times 10} \times 100\% = 4.7\%$$

如果过了 3 个月，政府出台了良好的政策，走出了经济萧条，股市好转，大家都去买股票，不买国债了，国债价格下降至 98 元，那此时其收益率为：

$$\frac{100 \times 5\% \times 10 + 100 - 98}{98 \times 10} \times 100\% = 5.3\%$$

国债价格上涨，其收益率就下跌。
反之，收益率就上升。

其实不用看公式你也应该知道，票面利息收益固定的情况下，债券的价格越高，你付的钱就越多，收益率当然下降啦。

125

债券基金会出现亏损吗

会呀！债券基金主要靠收利息、赚差价和投资股票来赚钱。

收利息：利息基本为正收入（还有负利率的情况，不过很少，可以忽略）。

赚差价：银行利率会影响债券的价格，债券价格下跌，收益就会受到影响。

投资股票：二级债券基金可以投资一点点股票，股市行情也会影响债券基金的收益。

所以债券基金也不是稳赚不赔的，但是债券基金比较稳定，不用担心，就算出现回撤，下跌幅度也不大，特别是纯债基金，波动就更小了，一般回撤只有2%左右。

什么时候买债券基金

债券是一个对银行利率很敏感的产品。

加息周期，利率上升，债券基金的表现可能就不太好。降息周期，利率下降，债券基金的成绩可能就不错。

我这期的成绩不好，那是因为利率突然上涨了，我也没想到呀！

我不管！你不会判断利率所处的位置吗？不会换一些短期债券吗？

虽然我们无法准确预测利率未来的走势，但是可以根据利率当前的位置，判断一下利率上升或下降的空间。

> 如果当前利率处于低位，那其下降的空间就不大，反而可能会上升，这会使债券的价格下跌，这时就不是买债券基金的好时机。
>
> 如果当前利率处于高位，有很大的下降空间，接下来可能是降息周期，债券的价格可能会慢慢上涨，这时可以考虑债券基金。

虽然银行利率下降并不一定等于债券牛市（还有很多影响因素），但还是可以简单理解为：

利率下降 = 债券牛市

就喜欢买纯债基金

债券基金有纯债基金、一级债券基金、二级债券基金、可转债基金，买哪一种好呢？

二级债券基金有投资股票，收益可能会高一点，但是我不买！我就喜欢纯债基金！

> 买债券基金，是因为其收益稳健，是个不错的后盾，可以有效地规避股市风险。
>
> 如果是想要追求高收益，可以用一部分钱去定投股票基金或混合型基金。

你们冲呀，我做你们的后盾。

我虽然不承诺保本，但只要你持有一年以上，我可不给你丢脸。遇上债券牛市，我一年也会有10%的收益！

最近可转债好像很火

可转债最近有点火，收益很不错
的样子呢。

可转债有债券的性质，又有股
票的性质，既安全又有可观的
收益，当然火啦！

可转债是可以转换成股票的债券。 发行可转债是上市
公司融资的一种手段。每张可转债都对应着一家上市公司
的股票，比如"华统转债"对应着"华统股份"的股票。"华
统转债"的转股价为 15.12 元，如果你有 10 张债券（面值
100 元），那就可以换 1000/15.12≈66 股的华统股份。

代码	转债名称	现价	涨跌幅	正股名称	正股价	正股涨跌	PB	转股价	转股价值	溢价率
128106	华统转债	125.810	25.81%	华统股份	16.90	0.60%	3.03	15.12	111.77	12.56%
128104	裕同转债	127.250	1.39%	裕同科技	24.50	1.87%	3.33	23.52	104.17	22.16%
128103	同德转债	122.500	1.41%	同德化工	4.98	0.40%	1.71	5.33	93.43	31.11%
128102	海大转债	145.909	0.63%	海大集团 R	44.47	-0.60%	7.12	35.09	126.73	15.13%
128101	搜特转债	114.100	0.09%	联创电子 R	14.53	2.32%	4.38	18.82	77.21	47.79%
128100	搜特转债	102.001	-0.06%	搜于特 R	3.17	-1.25%	1.78	5.36	59.14	72.47%
128099	永高转债	130.402	0.01%	永高股份	7.21	-1.37%	2.29	6.30	114.44	13.94%
128098	康弘转债	130.200	0.85%	康弘药业 R	40.03	4.22%	7.04	35.58	112.51	15.73%
128097	奥佳转债	110.696	1.41%	奥佳华	9.21	1.88%	1.46	10.89	84.57	30.89%

股票上涨 = 可转债上涨

> 因为转股价是定好的，也就是说你将来可以换持的股票数量也是固定的，如上文的 10 张债券换 66 股股票。那么，如果对应的股票涨了，一张可转债就可以换到更值钱的股票，所以可转债的价格就会上涨。如果股票大幅下跌了，只要公司不破产、违约，可转债也能发挥债券的优势，把价格控制在 100 元左右。

股票跌了就跌了，不慌，持有至到期，等债主还本付息。

可转债怎么赚钱

可转债风险低、流动性强，T+0 交易（即当天买进可当天卖出，当天卖出也可当天买进），"保本 + 高收益"的特点让它火了起来。可转债可通过以下 3 种手段赚钱，其中打新债是最火的方式：

打我干吗？我又不是可转债！

1. 打新债

打新债和打新股差不多，但与打新股相比，打新债的要求低，中签率更高（就目前而言）。打新股有持仓市值的要求（近 20 个交易日内，平均持有市值 1 万元以上的股票），而打新债就没有要求，账户上没有钱依然可以参与，中签后把钱转进账户就可以了。

新债中签后，一般会有 20% 的可观收益。

2. 低买高卖，赚取差价

可转债的价格是会浮动的，当可转债价格上涨了，可以直接卖掉，赚差价。比如,105 元买进的华统转债，现在涨到了 115 元，可以卖掉，每张债券赚 10 元。

3. 等牛市

牛市来临,股票上涨,把可转债换成股票,再卖掉股票。

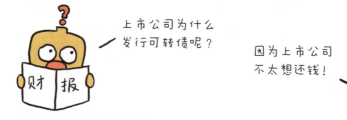

上市公司为什么发行可转债呢？

因为上市公司不太想还钱！

可转债 = 普通债券 + 期权

对应可转债的股票如果涨到了目标价位，债主们一般都会换成股票的，这样公司就不用还钱了。而且可转债的年利息低，在 1%~2% 之间，比普通债券的利息低得多了。

第九章
混合型基金好像比股票基金更赚钱

从股票基金到混合型基金

2014 年 8 月 8 日以前，股票基金的股票配置比例只需要在 60% 以上。

行情不理想，用 60% 的钱买股票就可以了，其他的钱可以买些债券，或者存在银行。

2014 年 8 月 8 日起，国家要求股票基金必须把股票配置比例提高到 80% 以上。也就是说，股票基金必须要把 80% 的资金投资于股票，不能少。

要求嘛，照做就可以了呀～

不巧的是，2015 年 7 月，股灾来了。如果我还要配置 80% 的股票，那我不是亏大了？为了减少亏损，我更换了阵营，换个名字，变成了混合型基金，这样子我就可以减少股票的持仓比例，以应对股灾。

哦，厉害了！

不只是我一个，为了应对股灾，有许多股票基金改了名，换成混合型基金。

排好队，按顺序报到。

混合型基金的仓位更灵活

遇上股灾，股票基金不好过。混合型基金就不同了，进可攻，退可守，仓位更加灵活，可以轮流赚取股债收益。

看好股市，就多配置一些股票。股市不好，就买债券。想买啥就买啥，想买多少就买多少。

进可攻，
退可守。

哇，好羡慕，我必须要花80%以上的资金买股票。

我也是，我要花80%以上的资金买债券。

混合型基金更依赖基金经理

仓位灵活的混合型基金，更依赖基金经理的择时能力和管理模式。

如果判断错误，用更多的钱买了债券，却遇上了债券熊市，那可能就股债两亏了。

我也有烦恼的啦，我压力大！不敢乱动股票的持仓比例……

你这耍流氓吧，这股债配比基本就没变过。

混合型基金好像比股票基金更赚钱

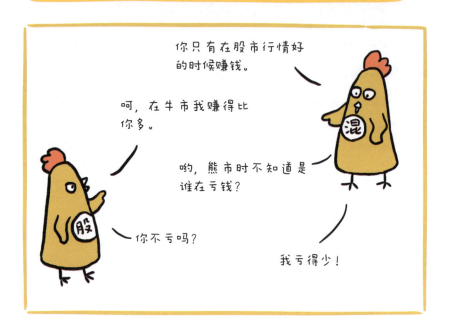

第十章 鸡蛋分开存放

鸡蛋不要放在同一个篮子里

道理我都懂，分散投资嘛，所以我把钱分为3份，1只指数基金和2只股票基金。

不仅仅要分为多份，还要多元分散。

多元分散是金融投资中常提到的话题。

多元分散分为两个维度：时间分散和市场分散。

时间分散：定投就是我们实现时间分散的一种方式，定期分批买进基金。

市场分散：这要求我们分散投资于不同种类、不同行业、相关性低的资产。

股基　　　债基　　　货基　　　海外资产

市场分散投资理念源自
于诺贝尔奖获得者哈里·马
科维茨的现代投资组合理
论（MPT)，如果在资产组合中
加入新的资产，那就有可能
在不降低资产组合收益的情
况下降低风险。

诺贝尔奖　　　　MPT

虽然这会降低风险，但
是我怎么觉得也会降低
总收益呢？

总收益很重要，但是
每一单位风险产生的
收益更重要！

每单位风险收益率

不同类型的资产，风险各不相同，不能仅仅比较绝对收益，还要比较每单位风险带来的收益。

每单位风险收益率 = 总收益率 / 总风险

假如有 A、B 两种不相关的资产，经济繁荣时，A 资产涨 10%，B 资产跌 1%；而经济萧条时，B 资产涨 6%，A 资产跌 5%。经济繁荣的概率是 0.6，经济萧条的概率是 0.4。

如果你只投资 A 资产，则：

预期收益率：$10\% \times 0.6 + (-5\% \times 0.4) = 4\%$

风险（标准差）：$\sqrt{(10\%-4\%)^2 \times 0.6 + (-5\%-4\%)^2 \times 0.4} \approx 7.3\%$

每单位风险收益率：$4\% / 7.3\% \approx 0.55$

如果你只投资 B 资产，则：

预期收益率：$6\% \times 0.4 + (-1\% \times 0.6) = 1.8\%$

风险（标准差）：$\sqrt{(6\%-1.8\%)^2 \times 0.4 + (-1\%-1.8\%)^2 \times 0.6} \approx 3.4\%$

每单位风险收益率：$1.8\% / 3.4\% \approx 0.53$

可以看出，A 资产的收益高，风险大，B 资产的收益低，风险低。但 A 的每单位风险收益率比 B 的高，从整体来看，A 资产比较好。

但是，如果 A、B 各投一半，那么：

组合投资的预期收益率：4%x0.5 + 1.8%x0.5=2.9%

组合风险（标准差）：$\sqrt{0.5^2 \times (0.0054+0.001176)} \approx 4.1\%$

每单位风险收益率：2.9% / 4.1% ≈ 0.71

n 份不相关的资产，标准差分别为 σ_i，i=1, 2,…,n，则组合标准差为：

$$\sqrt{\frac{1}{n^2} \sum_{i=1}^{n} \sigma_i^2}$$

经过组合投资后，组合资产的收益率为 2.9%，比 A 低、比 B 高，风险比 A 低得多、比 B 稍高，但是每单位风险的收益比 A、B 都高。

单位风险的收益，和夏普比率差不多是一样的哦。

指数基金+债券基金

基金定投，就是投资一篮子的股票和债券，这自动规避了一些风险。

但是，还要注意多元化，要分散投资于不同行业、不同种类、相关性低的基金，如指数基金＋债券基金。

> 股票市场和债券市场的规模巨大，两者相关性低，风险和回报也不同，收益率水平呈现着负相关关系。同时投资股票市场和债券市场，可以有效地分散风险。

股票市场和债券市场对宏观经济的反应也不同，GDP 快速增长时，企业发展良好，股市上涨，此时债市可能就下跌。经济增长放缓时，更多资金流入债市，相对于股票，债券表现更加良好。

以指数基金为主，债券基金为辅

为了获得乐观的收益，为了跑赢通胀，我们可以以指数基金为主，债券基金为辅，组合投资。

我辅助。

零钱放在我这里。

在做资产配置的时候，也要考虑资金的闲置时间，长期闲置的资金可以用来定投指数基金，中短期（1~3年）闲置的资金可以用来买债券基金。零钱就放在余额宝。

沪深300+中证500

但是，指数基金也有好多呢，怎么挑？

"大盘+小盘"是不错的选择！

> 　　沪深300是大盘指数，价值性高。中证500是小盘指数，成长性高。两者的成分股不重叠，行业权重不同，相关性低。
>
> 　　"沪深300 + 中证500"这种"价值+成长"的组合可以进一步规避股市板块轮动带来的风险。

宽基指数+行业指数

沪深300、中证500都是宽基指数，还可以尝试加上行业指数基金。

相比于宽基指数基金，行业指数基金波动大，有更大的获利空间。

选择行业指数的时候，要考虑行业的特点及发展前景，可以优先选择消费行业或医药行业，也可以选择那些前景好、高成长性的行业，如信息技术、传媒等。

相比于宽基指数基金，
行业指数基金风险高，
要谨慎选择！

不同的人生阶段用不同的"篮子"

资产配置也是一门
人生艺术！

　　我们要根据自己的 生活状况、风险偏好和资产规模 来调整基金的配置比例。

> 　　我们把资产配置分为 3 种风格：
>
> 保守型（风险承受能力弱，预期收益低，以债券基金为主）
>
> 稳健型（不厌恶风险也不盲目追求高收益，选择指数基金 + 债券基金）
>
> 进取型（有一定的资产基础，有专业技能，能承受风险，选择指数基金 + 股票基金 + 债券基金）

不同的人生阶段，可以选择不同的风格

退休阶段
退休后

成熟阶段
子女毕业
后到退休

育儿阶段
子女完成
学业之前

成家阶段
从结婚到
子女出生

单身阶段
从开始参加
工作到结婚

人生阶段	风险偏好	资产配置风格
单身阶段	年轻，风险承受能力强，但是没多少钱。	进取型：用时间换取高收益。
成家阶段	风险承受能力强，有些家庭积蓄。	进取型：指数基金＋股票基金。
育儿阶段	应做好风控，不要盲目追求高收益。	稳健型：指数基金＋债券基金。
成熟阶段	应做好风控，不要盲目追求高收益。	稳健型：逐步增加债券基金的比例。
退休阶段	风险承受能力弱。	保守型：债券基金为主。

美林"投资时钟"理论

美林投资时钟理论是由美林证券提出来的，它把宏观经济周期与资产配置、行业轮动联系起来，是一个非常实用的著名投资策略。

投资时钟理论根据经济发展趋势与通货膨胀，把经济周期划分为 4 个阶段：复苏阶段、过热阶段、滞胀阶段和衰退阶段。

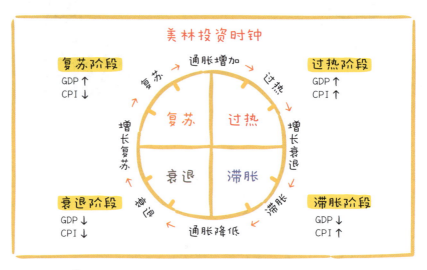

GDP 是国内生产总值，CPI 是居民消费价格指数。这两个概念会在第十二章详细讲解。
在美林时钟的这 4 个阶段，各种资产的收益率是不同的。

各种资产的收益率对比：

> 复苏阶段：股票 > 债券 > 现金 > 大宗商品
>
> 过热阶段：大宗商品 > 股票 > 现金/债券
>
> 滞胀阶段：现金 > 债券/大宗商品 > 股票
>
> 衰退阶段：债券 > 现金 > 股票 > 大宗商品

太好用了，复苏期买股票基金，衰退期买债券基金，发达啦！

想得倒是简单，你知道复苏期什么时候到来吗？经济学家们争吵得面红耳赤也无法准确预测经济周期，就凭你？

既然无法预测经济周期，那这个钟还有什么用啊！

投资时钟对投资组合配置有重大的指导意义，不能说没有用。我们可以根据 CPI、GDP 等宏观经济指标来大概判断将要来临的经济周期，从而调整资产配置的比例。

基于判断的不准确性，在配置资产的时候，可以稍稍超前配置，也就是在衰退期时也配置一些低估的股票，而不是一味地做债券的"接盘侠"。

定期再平衡

除了根据经济周期、风险偏好做好长期的规划，我们也要随时关注近期的波动，控制好"船舵"，以保证"行驶"方向不会出现大偏差，这就是投资的战术性。

比如，我们根据经济周期和风险偏好，制定了一个基金投资组合：70% 的 A 基金 +30% 的 B 基金，每月定投。由于涨幅不一致，一年后 A 基金跌了 2%，B 基金涨了 20%，那这时 A 和 B 的资产比例就不是 7:3 了，为了保持原来的投资策略，可以卖掉一部分 B 基金，买进一部分 A 基金，以维持原定的比例，这就是定期再平衡。定期再平衡是为了保持资产组合的稳定性，一般是一年或半年进行一次。

定期再平衡，本质上是在卖出价格高的资产的同时买进价格低的资产，这样不仅降低了资产配置的风险，还可提高资产组合收益率。

一切都是为了收益率！

第十一章　制订一份定投计划

我每月工资 4500 元，我要开始定投，赚点钱。但是我该投多少钱呢？

你可以先制订一份定投计划，简单点就好了。

明确自身的风险承受能力

任何投资都是有风险的，要了解自己的风险承受能力。

如果一年亏损 10%，你是否会夜不能寐？

短期波动是否会让你提心吊胆、寝食难安？

> 风险承受能力与你的年龄、工作的稳定性、经济状况、生活态度等因素有关，不同的人生阶段，风险承受能力也不同。如果你现阶段的风险承受能力低，甚至不愿意承受风险，那就远离股票。

明确定投目的

基金定投可以强制存钱、增长财富，是种不错的懒人理财方式。制订定投计划时，要明确自己的定投目的。是买车？买房？子女教育储备？养老储备？或者仅仅是想充分利用闲置资金？

我想暴富！！

滚~

你的目的，决定了你的资产配置比例、定投金额、定投时长等。

选择基金组合

目的不同，基金组合配置也不同。

如果你正值年轻，想为自己养老做准备，那你有二三十年的投资时间，风险承受能力强，可以充分发挥长期投资的优势，去追求更高的收益。如配置指数基金 + 股票基金，并随着时间推移，慢慢增加债券基金的比例。退休后，全部转为债券基金，按月按需提取。

我有时间，不厌恶风险，我要追求最大收益！

如果你有很充足的时间，却选择了风险小、收益低的投资方式，那和把钱存进银行有什么差别呢？

如果你想尽早为子女筹备上大学的费用的话，你可能有10年的时间，可以稳健一些，如配置指数基金 + 混合型基金，还可以加一点债券基金。

短期内要买车买房的话，要注意资金的使用时间，不要太指望宽基指数基金。

计算定投金额

根据自己的收入支出状况和定投目的来计算定投金额。

我的孩子快要出生了，3 岁上幼儿园，估计要 3 万元左右，我要提前准备。

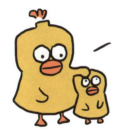

我的孩子上小学了，也想存下 10 万元作为他的大学教育基金。

假设基金定投的年平均收益率为 10%，如果你每月定投 720 元，坚持 3 年，等到孩子上幼儿园时，你就有 3 万元了。投入总本金为 25920 元，总收益 4413 元，本金、收益共 30333 元。

子女大学教育定投计划越早制订越好。假如每年平均收益率为 8%，定投 10 年，每月定投 550 元，10 年后，共投入本金 66000 元，总收益 35291 元，本金、收益共 101291 元。

定投金额也不宜过多，最好不要导致生活质量下降。不然，会动摇你定投的决心。

定投金额＜（每月收入－每月支出）/ 2

我也听过另外一种理念：收入减去定投金额，剩下的才用来支出。

每月支出 = 每月收入 - 定投金额

这是一种收入不高时为达到理财收益目标而节省支出的定投方式。这可能会导致生活质量下降，但也不失为一个好的办法。

绝对不要借贷来投资！
我们提到的 10%、20% 的年收益率，仅仅是长期投资的平均收益率，并不等于你每年都会有这样的收益！

做好止盈，定期优化

选好基金、定好定投金额后，就可以开始定投啦。不要忘记止盈！止盈！止盈！还可以根据经济周期调整资产配置比例，同时做好动态平衡。

沪深 300 现在是高估值，慢慢分批卖出吧，买点债券基金。

现在中证 500 明显低估，加大定投金额。

降息周期开始了，多买点债券基金。

最近股票涨得猛，比例失调了，重新平衡一下。

要根据计划按时定投，不要仅仅因为基金上涨而不敢买，也不要因为基金下跌而舍不得卖，更不要盲目加仓，过度的贪婪和恐惧往往会让你怀疑人生。

定投计划8步走

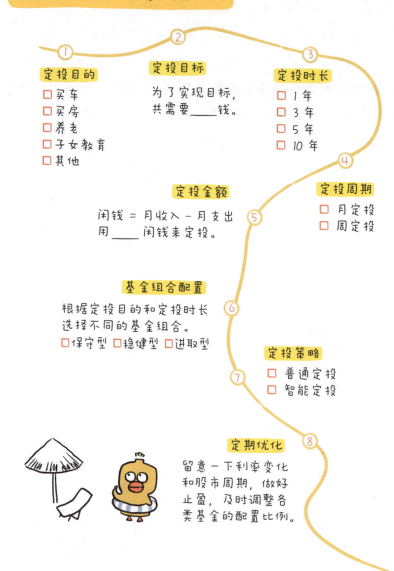

① **定投目的**
- ☐ 买车
- ☐ 买房
- ☐ 养老
- ☐ 子女教育
- ☐ 其他

② **定投目标**

为了实现目标，共需要＿＿钱。

③ **定投时长**
- ☐ 1 年
- ☐ 3 年
- ☐ 5 年
- ☐ 10 年

④ **定投周期**
- ☐ 月定投
- ☐ 周定投

⑤ **定投金额**

闲钱＝月收入－月支出
用＿＿闲钱来定投。

⑥ **基金组合配置**

根据定投目的和定投时长选择不同的基金组合。
☐保守型 ☐稳健型 ☐进取型

⑦ **定投策略**
- ☐ 普通定投
- ☐ 智能定投

⑧ **定期优化**

留意一下利率变化和股市周期，做好止盈，及时调整各类基金的配置比例。

第十二章　财务自由

什么是财务自由

什么是财务自由？
有很多很多的钱？
想去哪就去哪？
想买什么就买什么？

不是的，我的理解是：被动收入大于日常支出。

财务自由 = 被动收入 > 日常支出

被动收入是指不需要工作就能获取的收入，比如理财收益、股票分红、租金收入、专利版权收入。

别跟我说住大别墅、买大游艇才是财务自由。说走就走，不需要靠工资养活自己，就是我的财务自由。

不想上班

需要多少钱才能实现财务自由

如果你有一套房出租，每月收入租金 5000 元，月支出 4500 元，那你已经是财务自由了。

我没有房子出租、没有股份分红，只能靠理财收益，我需要多少钱才能实现财务自由呢？

这要取决于你的日常支出！

假如你每月支出 4500 元，那么年支出为 4500 元 × 12=5.4 万元，加上一些意外开销，一年共花费 7 万元。

相对安全的定期银行理财产品年化收益率为 4% 左右，要达到收支平衡的话，你需要 Y 元的总资金：

Y × 4% = 7（万元）

Y = 175（万元）

也就是，如果你有 175 万元，并投资于保守型的理财产品，就可以实现简单的财务自由了。

175 万元，好像有些困难……

这还没考虑通货膨胀
以及年支出的增长呢。

跑赢CPI、跑赢GDP、跑赢M2

CPI 就是居民消费价格指数，它反映的是市场上生活消费品的价格增长率，CPI 增长了 3%，就是说物价上涨了 3%。政府通常把 CPI 作为观察通货膨胀水平的重要指标，追上 CPI 就相当于追上了通货膨胀。

近几年，CPI 的增长率为 2%~3%，也就是说日常消费品的物价每年上涨 2%~3%，如果想要保持现在的生活水平，你的收入必须也要同步增长。

如果你的工资增长速度不能
超过 CPI，那相当于你的工
资不涨反跌。

实际收益率 = 年化收益率 - CPI 增长率

如果用钱买了银行理财产品，那实际收益率也就是 1%~2%，收益率低了，那你就需要更多的资金才能实现财富自由。

追上 GDP、追上 M2

追上 CPI，只能维持目前的生活消费水平，如果想要提升一下生活品质，享受优质的生活资源，你还要追上 GDP 的增长、追上 M2 的增长。

GDP 就是国内生产总值，指的是一定时期内在一个国家（或地区）生产出来的所有的最终产品（或服务）的总价。M2 是一个货币供应量的指标，可以理解为流通中的现金 + 存款，其反映了现实的购买力和潜在的购买力。如果你追上了 M2 的增长率，就相当于追上了国家印刷钞票的速度。

理论上，多生产了多少产品，就印多少钱，不多不少，这样子就没有通货膨胀了。可是没有通货膨胀的话，你的工资几乎不会涨，钱不会贬值，人们不消费，企业就减少生产，经济就会衰退。所以为了促进经济发展，政府会维持温和的通货膨胀。

2019 年，我们的 CPI 上涨了 2.9%，GDP 增长了 6.1%，M2 增长了 8.7%。

如果你的资产收益率低于 2.9%，说明你没有跑赢通胀，你的生活水平是在下降的；如果你的资产收益率高于 2.9%，低于 6.1%，那说明你没有跑赢 GDP，你的财富阶级是在下降的；如果你的资产收益率高于 6.1%，低于 8.7%，那说明你没有跑赢 M2，赶不上国家印钱的速度。

跑赢 M2，这是我的理想目标！

自己值多少钱

我们参与工作，通过劳动来获得薪水，所以也可以把我们自己理解为一项资产。

虽然我现在没有钱，但是我年轻、有知识，可以通过劳动累积财富，我就是资产！

把自己折合成资产，你值多少钱

假设平时定期银行理财产品年化收益率为 4%，如果你每月的工资是 6000 元，那么这 6000 元就相当于你每个月的收益，这样你就可以算出自己值多少钱了。

设你的身价是 Y 元：

Y × 4% / 12 = 6000（元）

Y = 1800000（元）

Y = 180（万元）

这 180 万元的身价，是建立在有稳定工作的基础上的，没有工作没有收入，那你的身价就是 0，甚至是负数（因为你每天都要消耗粮食）。

劳动收入和投资收入

虽然你身价 180 万元，但是你自身这项资产也是有风险的：随着年龄增长，你的劳动力会下降，劳动收入趋于稳定，甚至下滑。所以，为了规避年龄增长带来的风险，除了劳动收入外，我们也要配置理财产品，增加投资收入。

劳动收入

呈现对数增长，前期增长快，后期增长慢，甚至下滑。

如果遭遇意外事故，丧失劳动力，身价会一落千丈。

投资收入
投资收入有复利效果，
呈现指数增长，前期
增长慢，后期增长快。

如果把劳动收入和投资收入结合起来，取长补短，
就可以得到很好的收益。

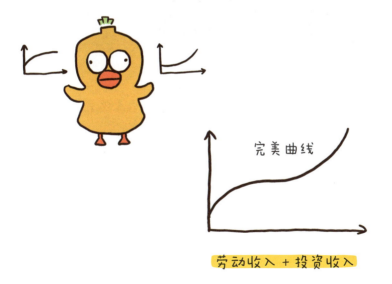

完美曲线

劳动收入 + 投资收入

从存钱开始，坚持理财

财务自由之路，要从存钱开始。建立自己的存钱系统，闲钱可用于基金定投或存于余额宝。

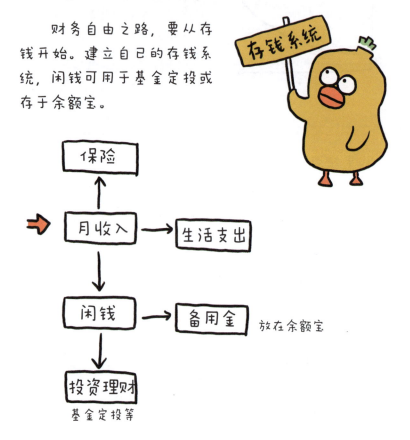

不要有暴富的心态，不要把钱都押在"未来行情肯定好转"上，谁也无法确定未来行情的走势。

制定存款目标

要制定 月度存款目标 和 年度 存款目标，存下来的钱，用 于定投，让财富慢慢翻滚吧！

梦想相册

可以像《小狗钱钱》里说的 那样，做一本梦想相册，激 励自己。

你自己本身也很值钱，要 通过学习提高自己的身价， 加油呀！

第十三章　一些其他基金

保本基金

还有保本的基金，
你不早告诉我？

因为保本基金的收益实
在是低，流动性又差，
而且，保本基金的数量
越来越少，不久后可能
就要退出舞台了。

保本基金的出现，就是为了保本，就别指望它有高收益了。

保本基金出现以来，并没有因为"保本"的性质而受到追捧，一直以来，其发展甚是缓慢。直到 2015 年股灾来袭，保本基金才突然间受到关注，成为了投资者们的避险资产。

股票跌得好惨呀，我还是
买只保本基金吧。

保本基金是怎么保本的

保本基金能做到保本，也不是什么稀奇的事，货币基金、债券基金也能保本，对吧？

把大部分的钱投资于无风险资产，用极小部分投资于高风险产品，控制好两者的比例，基本就能做到保本了。比如，若当前2年期的国债收益率为1.5%，一只规模为 1000 元的保本基金，只要用 970 元来买国债，2年后就能做到保本。

假设用 A 元来买国债：
$A \times (1+1.5\%)^2 = 1000$（元）
$A \approx 970$（元）

这 970 元就是安全底线资金，剩下的30元可以用来买股票，股票涨了，就有高收益，就算30元全都亏完了，基金只靠国债收益也能做到保本。但现实中，30元的股票是不会全亏完的，所以可以大胆一点，拿出60元去买股票，只用940元买债券就可以了。

> 这个就是恒定比例投资组合保险策略（Constant Proportion Portfolio Insurance，简称CPPI），控制好无风险资产（如债券）和风险性资产（如股票）的比例，以保证风险性资产的损失不超过可承受范围。

我明白了，这相当于我把钱存进银行赚利息，然后用利息买彩票，中奖了就有高收益，不中，还是可以保本。

虽然不是很恰当，但可以这么理解。

如果上文的保本基金表现不错，一年后赚了 100 元，总资产有 1100 元，但这时如果它还保持着 970 元的安全底线资金，那最后可能只保本 1000 元，这一年赚的 100 元可能就白白流失了。为了保住积累起来的利润，可以把安全底线资金上调到 β 元：

$$\beta \times (1+1.5\%)^2 = 1100 \text{（元）}$$
$$\beta \approx 1068 \text{（元）}$$

这时，用 1068 元买债券，最后就能保本 1100 元。这个根据总资产动态调整安全底线资金的办法叫时间不变性投资组合保险策略（Time Invariant Portfolio Protection，<mark>简称 TIPP</mark>）。TIPP 把已赚到的利润也加以保护起来，与 CPPI 相比，更保守，风险更低。

<mark>中途不能上下车</mark>

> 保本基金的保本周期一般为 2 年、3 年、5 年，你需要在募集期买入，并持有至到期，才给你保本。中途赎回的话，亏钱自己承担，而且中途赎回会有惩罚性的赎回费率，持有时间越短，费率越高。

这是因为中途赎回会破坏资产比例的稳定性，打乱基金经理的节奏。

打新基金

基金的分类里，其实并没有打新基金这一类。

打新债时，你打我的那一巴掌现在还疼！

打新，就是打新股、申购新股。

目前我国的新股，上市后基本都是连续几个、十几个涨停板地上涨，收益率高达100%也不是什么稀奇的事。新股申购成功（中签）的话，会有很高的收益，所以打新股就成了我国特有的一个现象。

基金打新股和我们个人打新股有些不一样。

我们打新股，是在网上申购的，资质要求低，只要满足股票底仓要求，人人都可打新股，但是中签率低。而基金机构是通过网下配售参与打新的，网下配售对资质的要求极高，中签率也高。所以，==与个人投资者相比，基金机构打新股更容易中签==。

　　很多股票基金平时在买股票之余也会参与打新股，但是它们不是专门打新的，不叫打新基金。

　　打新基金是专门靠打新博取高收益的基金，它们一般是灵活配置混合型基金，或是偏债混合型基金。没有新股申购的时候，它们一般会把闲置的资金投资于短期债券，以保证稳健的收益。

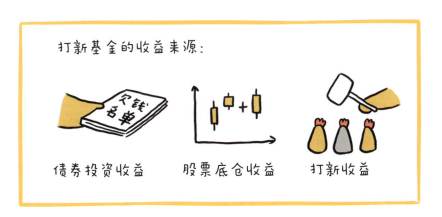

打新基金的收益来源：

债券投资收益　　股票底仓收益　　打新收益

　　所以打新基金就像是增强型的债券基金，在稳健收益的前提下，博取打新的高收益。

分级基金

分级，就是把一只基金分为两只不同风险等级的子基金：一只风险低，叫分级 A；一只风险高，叫分级 B。

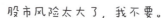

母基金 = 子基金 A（低风险）+ 子基金 B（高风险）

子基金 A 风险低、收益稳健，适合保守型的投资者。
子基金 B 风险高、收益高，适合进取型的投资者。

你们俩的压岁钱（各 100 元）都交给妈妈一起打理吧，妈妈用来炒股，赚到钱再分给你们。

股市风险太大了，我不要。

那点风险算什么啊，这样子，你把你的钱都借给我，我每年给你支付 6% 的利息。然后我再把钱（共 200 元）都给妈妈炒股，我来承担风险。

太好了，就这样吧。我每年有 6% 的固定收益。

妈妈赚到的钱，减去你的固定收益，剩下的都是我的了。

B 的收益 = 母基金收益 - A 的固定收益（6%）

一年后，如果股市上涨 20%，B 就有 40 元（200x20%）的收益，减去要支付给 A 的 6 元，还有 34 元的收益。如果股市下跌 20%，B 则会亏 40 元，还要支付 A 利息，就总共亏了 46 元。

这就是分级基金的原理了，子基金 A 和子基金 B 的资产一起合并给母基金打理，然后按照约定来分配收益。

虽然资产是一起运作的，但是母基金、分级 A、分级 B 都有自己的基金代码，这相当于 3 只基金。

投资子基金 A，本质上是在买债权类资产，其收益来源于子基金 B 所支付的利息。

投资子基金 B，本质上是在借钱炒股，从长期来看，这是不明智的，所以不建议投子基金 B。

而母基金的管理费比较贵，我不投。

另外，大多数母基金都是指数型基金哦，比如：

华安沪深 300 指数分级 ——→ （这是母基金）

华安沪深 300A ——→ （这是子基金 A）

华安沪深 300B ——→ （这是子基金 B）

这里的 A、B 后缀和之前读到的 A、C 后缀是不一样的，概念也不同。

前些时候，央行要求我不能再用你们的压岁钱来投资了。所以，过不了多久，我就要转型为普通指数基金，就再也没有分级基金了。

太好了，终于不用上交压岁钱了。

QDII基金

资本自由流动

资本自由流动是指无需政府的批准，个人（或机构）可以根据汇率自由兑换本币与外币，自由地把钱汇出国外或把钱转入到国内。

但是资本自由流动会影响货币政策的独立性，破坏汇率的稳定。假如我国要实行货币紧缩的政策，提升了利率（比其他国家利率高），就会有很多资金涌入我国，这造成了我国的货币量大增，就无法实行货币紧缩政策了。而且，在经济发展不好时，资本容易集中撤离，导致经济衰退更严重。

所以，为了保证货币政策的独立性和汇率的稳定性，我们暂时牺牲了部分资本流动性，实行"有管制地自由流动"，每个公民一年只有5万美元的外汇额度。

资本不能自由流动，那想投资海外资产，怎么办？

对呀，怎么办？我要投资海外资产！

好好好！为了满足你们投资海外资产的需求，我们建立了QDII制度，给你们开通一个可以投资境外资产的渠道。

QDII

QDII（全称Qualified Domestic Institutional Investor），即合格境内机构投资者。持有QDII通行证的机构投资者就可以投资境外证券市场了。QDII基金就是可以投资境外市场的基金，可投资境外的股票、债券、黄金、石油等资产。

今年国内股票大跌，
我要投资海外资产。

有，QDII。

你有通行证吗？没有证
就不能把钱投到海外。

　　通过 QDII 基金，我们可以配置海外资产，进一步分散风险。如沪深 300 指数基金＋标普 500 指数基金，这两种基金分别代表了两种不同的经济模式，这样组合投资可以进一步分散系统性风险。

微信扫码，加入【本书话题交流群】
与同读本书的读者，讨论本书相关
话题，交流阅读心得

第十四章 我常收到的这些问题

基金亏损了，还要坚持吗

啊~怎么亏了啊！先卖出吧，
等回升的时候再买进了。

　　这可能是小白最容易犯的错误了，定投亏损时，有点不安，担心走势还是会下跌，所以就停止了定投，想等开始上升的时候再买进。

　　不要这样做！基金定投的意义就是平摊成本，降低风险，在低位积累筹码，高位卖出，"跑出"一个微笑曲线。所以，亏损的时候不要慌，请继续定投。尤其是宽基指数基金，越跌越买，越是低估值，越是要买多点。

基金赚了一点点，要先卖出吗

这个问题，支付宝里面的定投百科也提过。

赚一把就走，这是一种赌徒心理，对择时的要求很高，是不可取的。

赚了一点，卖出了，那什么时候再买进呢？跌了再买？什么时候跌呢？跌多少的时候买呢？如果行情一直上涨呢，就这样子错过了这波行情？

所以，这不是我们做基金定投的思维。

还是先坚持定投吧，达到自己的止盈条件再卖出。

定投时间越长越好吗

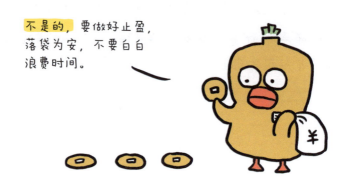

不是的，要做好止盈，落袋为安，不要白白浪费时间。

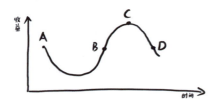

如果你在 A 点开始定投，B 点的时候已经盈利了，到了 C 点是最佳的卖出时间。如果再等到 D 点，就错过了最佳的卖出时间。

定投一定比一次性买进的收益高吗

No！看下图，如果行情一直涨，那一次性买进会有更高的收益。

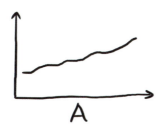

A

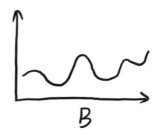

B

图 A 的行情一直上涨，一次性买进的收益肯定高，但是你能预测到它一直上涨吗？图 B 的行情波动大，适合定投，可以平摊成本，降低风险。

我们选择定投的方式，是因为无法判断行情的准确走势，而行情往往是波动的，先下跌再上涨，或是先上涨再下跌。所以，我觉得基金定投还是比一次性买进要好。

债券基金为什么不适合定投

　　定投，是希望在波动的行情里"走出"微笑曲线，获取高收益。但是，债券基金波动小，定投的意义就不大，还不如一次性买进呢。

我是债基，我的收益稳定，波动小，一直涨哦，有钱的话，一次性买进吧，过几天就不是这个价格了。

选择现金分红还是红利再投资呢

　　现金分红，就是把基金赚到的钱，按时自动发到你的账户中，然后继续用本金投资。

　　红利再投资，就是把赚到的钱直接转换为该基金的持有份额。

红利再投资就是"复利"，从长期来看，想要获得更高的收益，建议选择红利再投资。

定投日大涨，可以等两天再投吗

我也有过这样的心态，定投日大涨了，这个时候买进的话，就感觉很亏，想着过两天跌下来的时候再跟进。

这是一个侥幸心理，不可取！

你也无法判断两天后的走势，如果市场持续上涨呢，就这样放弃定投了？如果两天后市场持续下跌，你可能还会想"可能还会下跌，再等等，等反弹后就买进"，这样往往会弄巧成拙，反而失去了低成本的筹码。

什么是基金净值和净值估算

基金净值一般指的是基金单位净值，简单地说，就是每份基金的价格。基金公司在每天收市后就会公布当天的基金净值。

比如某基金的单位净值为 1 元，在不考虑手续费的情况下，100 元就可以买到 100 份额的基金。如果明天这只基金涨了，净值涨到了 1.1 元，那么 100 元就只能买到大概 91 份额的基金了。

上文说了，要到收市后才能公布基金净值，为了提前了解基金净值的情况，系统会对该基金的净值进行实时估算，这就是净值估算。

下午 3 点前申购基金，就会以当天的净值买入。3 点后申购，就会以第二天的净值买入。

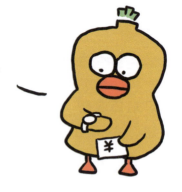

是不是优先买净值低的基金呢

净值恐高症患者

基金净值太高了，不敢买。

可能你也一样，害怕净值高的基金。但是，其实基金净值不影响该基金往后的走势，不用紧盯着基金净值。

基金的业绩好，净值就会越涨越高。但和股票不太一样，基金净值高，不能说明该基金估值过高。基金净值高，可能是基金没有进行分红或折算。

基金分红：
如果一只基金的净值从 1 元涨到了 1.5 元，在这时基金分红了，每份基金分红 0.5 元，那净值就从 1.5 元降到了 1 元。

基金折算：
如果一只基金的净值从 1 元涨到了 2 元，有些投资者看到这有点高的净值，会不放心、不敢买。所以基金公司把每份 2 元的基金拆分为 2 份 1 元的基金，这样基金净值就变为 1 元了，而你的基金份额也翻倍了，但是总资产是没变的。

其实基金公司挺喜欢基金分红和折算的，毕竟喜欢低净值的人还是挺多的。

周定投好还是月定投好

两者差别不大，不要太纠结。要根据自己的收入频率来选择。

那我就按月定投，每月发工资，就买基金，这样就不会乱花钱啦。

一般我们都是按月来领工资的，所以月定投更合适一些。如果定投的金额不多，比如 500 元，那么月定投就可以了。如果每月投 4000 元，可以拆分为 4 次的周定投，在行情波动较大的时候，周定投更容易平摊成本。

月定投的话，哪一天定投好

扣款日对收益的 影响不大，所以没有必要纠结哪一天投，坚持就好。

多只基金可以错开扣款时间，进一步分散风险哦。

我现在就有一笔闲置资金，一次性买进还是分批定投呢

资金闲置也令人烦恼呀，一次性买进好，还是分批定投好呢？分批定投会不会浪费时间呢？

啊～我的腿！

一次性买进，对择时的要求高，我们又无法准确判断市场走势，所以，<mark>我还是会选择定投</mark>。

如果有稳定的工作收入，我会用大部分的闲置资金一次性买进较为安全的债券基金，用工资（和小部分闲置资金）来定投指数基金（或其他股票基金、混合型基金）。

因为有闲钱，所以定投指数基金时，也可以采用<mark>定期不定额</mark>的方式，估值越低就越多买点，充分摊低成本。加油呀！

什么时候开始定投比较好

种一棵树最好的时间是10年前，其次是现在。

基金定投也是一样，越早越好。

　　按照 12% 的平均年收益率来算的话，如果你 25 岁参加工作时开始定投，只要每月投 182 元，到 60 岁的时候你就会有 100 万元了，而实际投入**共 7.6 万元**左右。但如果你在 40 岁时才开始定投，则每月要投 1100 元，才能在 60 岁时攒够 100 万元，实际投入**要 26 万元左右**。

为什么你只投了 7.6 万元，而我要投 26 万元？

光阴

well，这就是时间的价值了。